Cómo huir de la esclavitud moderna

Educación financiera, inversión y desarrollo personal en un solo libro

Floren Verdú

ISBN: 978-9916-746-96-7

ÍNDICE

Introducción

¡Te regalo mi próximo libro!

Porque valoro a cada lector que me acompaña en este camino, quiero regalarte algo único: acceso exclusivo a mi próximo libro completamente gratis.

Escanea el código y únete a mi club de lectores.

La aventura no termina aquí, empieza contigo.

¡Me apunto!

SUBSCRIBE

Capítulo O: ¿DE QUÉ TRATA EL LIBRO?

En este libro pretendo fusionar tres temas que considero totalmente conectados: la educación financiera, la inversión y el desarrollo personal. A continuación, voy a explicar esta conexión. Cabe aclarar que estos tres términos giran alrededor de la abundancia, y cuando hablamos de ésta, nos referimos a un desarrollo integral, es decir: salud física y mental, salud espiritual (amor hacia uno mismo y hacia los demás) y salud económica.

Para continuar, veamos dicha relación, que resumo en los siguientes puntos:

- Si quieres crear riqueza, tienes que crecer como persona, y a medida que tú creces, vas atrayendo la abundancia.
- La riqueza debe ser total, en todos los aspectos de tu vida: salud, dinero y amor.
- A medida que creces como persona, los problemas se vuelven más pequeños y no verás problemas, sino oportunidades.
- Para crear riqueza, todo empieza por la mente. Por tanto, tienes que creer que la vida es abundante y que te mereces lo mejor.

Así pues, serás tan grande y exitoso como tan grande seas como persona. Aunque ahora pueda parecer un poco complejo de entender, conforme avances en el libro lo comprenderás todo a la perfección.

¿A quién va dirigido este libro?

Principalmente, va dirigido a mi madre, a mi novia y a mis amigos y amigas; y, por supuesto, a mí mismo, ya que escribo para no olvidar lo básico para tener una vida próspera. También está dirigido a todas aquellas personas que estén dispuestas a pensar y reflexionar, y además, a quienes quieran ahorrar muchas horas de su tiempo, ya que este libro contiene todo lo esencial para conseguir un desarrollo integral (salud, dinero y amor).

Finalmente, está destinado a cualquier persona interesada en aprender, ya que mi objetivo es que lo entienda todo el mundo. Pretendo llegar a todos los públicos.

¿A quién no va dirigido?

- A personas con elevada cultura financiera y altos conocimientos en inversión.
- A personas con una actitud negativa hacia la vida, ya que es necesario sentirse bien con uno mismo; sin esos cimientos, es imposible construir.

¿Por qué escribo este libro?

En primer lugar, porque considero que no existe ningún libro igual en el mercado. Normalmente se tiende a escribir sobre desarrollo personal, educación financiera e inversión por separado, y entiendo que es necesaria una obra que lo abarque todo. También lo hago para llegar a todas aquellas personas que me quieran escuchar, porque no siempre es fácil hablar de estos temas en nuestro entorno.

Además, este libro pretende despertar conciencias dormidas, ya que vivimos en un sistema socioeconómico que presenta muchas carencias. Creo que esta obra puede despertar a muchas personas y aportar muchas respuestas. Sinceramente, me habría encantado encontrarme con un libro así cuando empecé a investigar sobre estos temas, ya que me habría ahorrado muchas horas de formación e investigación.

Por otro lado, también pretendo hacer fácil lo que nos han dicho que es muy difícil, y me refiero a los siguientes aspectos:

• Nadie nos ha enseñado educación financiera.

¿No os parece extraño? ¿Alguien entiende las reglas del juego del dinero? ¿Jugaríais a un juego sin entender las reglas?

Pues eso es lo que está pasando: manejamos dinero todos los días y no tenemos una formación básica en educación financiera.

• Nadie se preocupa por nuestra salud mental.

¿Os suelen preguntar: "¿Eres feliz?"?

• Solo se preocupan por nuestra salud física, pero tengo la sensación de que se preocupan más por nuestra estética. En esta sociedad, salud física y estética no siempre van de la mano.

• Siempre nos han dicho que la inversión es muy difícil, que solo es para ricos.

¿No será que no les interesa que invirtamos? ¿No será que quieren que cada vez seamos más pobres, para así poder manipularnos con mayor facilidad?

Por último, este libro es un reto personal. Si logro hacerte reflexionar y pasar a la acción, me sentiré afortunado de haber formado parte de tu desarrollo.

¿Quién soy yo para escribir sobre educación financiera, inversión y desarrollo personal?

Soy Diplomado en Educación Primaria, con especialidad en Educación Física, por la Universidad de Alicante. Además, tengo un Máster en Bolsa y un Máster en Inversión y Productos Financieros por Esneca

Business School (centro colaborador de la Universidad Europea Miguel de Cervantes de Valladolid).

He dedicado muchos años de mi vida a formarme. Esa formación comenzó después de mi divorcio, cuando decidí convertirme en otra persona. Este proceso tuvo distintas fases:

En el año 2009 dejé de fumar y busqué un deporte que llenara mi vida. Lo encontré en la bicicleta de montaña y de carretera, y así contribuí a mi desarrollo físico.

Después, me enfoqué en mejorar mi salud mental, aprendiendo a quererme a mí mismo para luego poder querer a los demás. Sin duda, apuntarme a clases de salsa y bachata fue fundamental para salir de mi zona de confort.

En el plano espiritual, fue mi novia quien sembró las primeras semillas que hicieron que mi conciencia despertara poco a poco. Me di cuenta de que vivía en un sistema socioeconómico supuestamente manipulado, y de que estábamos rodeados de energía (buena y mala).

En cuanto a la educación financiera y la inversión, siempre tuve interés por la bolsa y preocupación por el futuro, ya que el sistema de pensiones en España me parecía cada vez más insostenible. Por eso, decidí comenzar a leer libros sobre educación financiera.

Es importante decir que dos libros me cambiaron la vida: Vive pasivamente, de Miguel Ángel Bautista, y el que considero el mejor libro que he leído sobre educación financiera: Independízate de papá Estado, de Carlos Galán.

En cuanto a los escritores que me han influido y que son mi referencia, destacaría a Carlos Galán y Marc Frau.

Nunca olvidaré cuando, leyendo el libro de Carlos Galán, descubrí el concepto de inflación. Le dije a mi novia:

—Cariño, ¡cada año mi dinero vale un 2% menos!

Sinceramente, parecía un niño pequeño que acababa de descubrir algo increíble. Creo que todos sabemos que la vida es cada vez más cara, y eso es por culpa de la inflación. Pero...

¿Qué es eso?

He dedicado muchas horas a buscar información, a leer, a ver conferencias, a estudiar artículos de opinión y blogs.

Sin embargo, simplemente me limitaré a guiarte en el camino desde mi propia experiencia, porque solo hablo de lo que conozco. No tengo la verdad absoluta; todo es discutible, incluida cada línea que escribo.

Por último, como dijo Sócrates:

"No puedo enseñar nada a nadie, solo puedo hacerles pensar."

Capítulo 1: CONCEPTO DE DINERO

1.1 Riqueza y libertad financiera

¿Qué es la riqueza?

En esta sociedad dominada por el consumismo, normalmente, cuando pensamos en riqueza, imaginamos una vida llena de lujos: un Ferrari, un chalet enorme con piscina, ropa y objetos caros... es decir, todo aquello que nos permite demostrarle al mundo lo poderosos que somos.

Pero, ¿realmente eso es riqueza?

Creo que estamos un poco confundidos, ya que nos han vendido conceptos totalmente erróneos.

La riqueza tiene varios factores: la felicidad, cubrir nuestras necesidades básicas y permitirnos darnos algún capricho de vez en cuando.

El concepto de riqueza es mucho más sencillo de lo que nos han contado, y se puede resumir respondiendo a estas preguntas:

- ¿Cómo sería para ti un día perfecto?
- ¿Y una semana perfecta?
- ¿Un mes perfecto?
- ¿Un año perfecto?

- ¿Y una vida perfecta?

¿Estás seguro de que necesitas un Ferrari? ¿Un chalet grande con piscina? ¿Un reloj de oro? ¿Toda la ropa de Armani?

Si piensas que sí, quizás este libro no sea para ti.

Según Epicteto:

"La riqueza no consiste en tener grandes posesiones, sino en tener pocas necesidades."

Para mí, la riqueza es ser feliz haciendo lo que me gusta y tener el dinero suficiente para no tener que trabajar... o para trabajar en algo que me apasione, pero que me deje tiempo para disfrutar de la vida.

Y, evidentemente, que ese dinero me permita disfrutar de las cosas que me gustan.

La vida es mucho más simple de lo que nos intentan vender. No se es más feliz por tener más cosas. Y, como es de suponer, hay cosas en la vida que no se pueden comprar.

Según Zig Ziglar:

"Eres una persona de éxito cuando tienes algunas cosas que el dinero puede comprar y todas las cosas que el dinero no puede comprar."

Siéntate y escribe en un papel cómo sería tu vida perfecta, pero sé realista. Eso será tu verdadero concepto de riqueza. Y probablemente te sorprenda descubrir que tu vida perfecta no es tan cara como pensabas.

¿Es imposible conseguir esa vida?

No. Es difícil, sí, pero no imposible.

Y aquí es donde entra en juego el siguiente concepto: la libertad financiera.

¿Qué es la libertad financiera?

Básicamente, es poder vivir sin necesidad de trabajar, es decir, tener liquidez o ingresos pasivos suficientes para mantener tu nivel de vida actual. (No he dicho subir tu nivel de vida).

Un ejemplo sencillo: si gastas al año 25.000 euros, por cada 25.000 euros ahorrados tendrás un año de libertad financiera.

Sinceramente, eso es para mí la verdadera riqueza: vivir sin depender del trabajo.

Ahora bien, está claro que no es algo al alcance de todo el mundo. Quienes lo logran, suelen hacerlo entre los 40 y los 50 años, porque antes es muy difícil.

En este libro, conforme vayan avanzando los capítulos, te daré la información necesaria para que, como mínimo, puedas tener una jubilación tranquila.

Tres tipos de situaciones relacionadas con la libertad financiera:

- Independencia financiera (jubilación anticipada): solo asumible para quienes empiezan a invertir muy jóvenes o tienen ingresos muy elevados.
- Seguridad en la jubilación: tener una gran cantidad de dinero ahorrado al llegar la hora de retirarse. Es la opción más realista y la que yo mismo busco.
- Personas mayores de 50 años: si empiezan a ahorrar e invertir entre el 20 % y el 30 % de su sueldo, quizá no lleguen a una jubilación completamente libre, pero sin duda tendrán una mucho mejor que quienes no han ahorrado nada y dependen del gobierno.

Dos ideas clave que debes entender desde ya:

• Cuanto antes empieces a ahorrar e invertir, más fácil será alcanzar la libertad financiera.

• Invirtiendo la misma cantidad, ganará más dinero quien tenga el dinero más tiempo invertido.

¿Cómo es posible eso?

No te preocupes, tiene una explicación sencilla: se llama **interés compuesto**, y según Albert Einstein, es:

"La octava maravilla del mundo."

Y también:

"La fuerza más poderosa del universo."

Ejemplo práctico:

Imaginemos a tres personas: Luis, Antonio y María.

Los tres deciden invertir en un fondo indexado al índice MSCI World, que genera un rendimiento medio del 6 % anual. (Más adelante explicaré estos conceptos.)

• Luis aporta 100 € al mes (1.200 € al año) durante 45 años.

• Antonio aporta 150 € al mes (1.800 € al año) durante 30 años.

• María aporta 300 € al mes (3.600 € al año) durante 15 años.

Como veremos, el 6 % no es fijo: algunos años se gana más, otros menos, e incluso puede haber pérdidas.

Pero lo importante es esto:

Los tres han aportado la misma cantidad total: 54.000 €.

¿Y cuánto han acumulado al jubilarse con 65 años?

• Luis: 271.000 €

• Antonio: 151.000 €

• María: 89.000 €

¡Increíble, pero cierto!

Con la misma inversión total, Luis (el que más tiempo dejó invertido su dinero) ha conseguido el triple que María.

1.2 Creencias limitantes del dinero

Cada día hay personas que aumentan su riqueza con facilidad. Tienen éxito, atraen más dinero, parecen auténticos imanes para la abundancia. Mientras tanto, otras van de fracaso en fracaso y son un desastre a nivel financiero.

Imaginemos que el 80 % de la riqueza está en manos del 20 % de la población. Pues bien, si redistribuyéramos ese dinero entre todos por igual, es muy probable que, al cabo de cinco años, ese 20 % volviera a tener la mayor parte.

Año tras año encontramos ejemplos de multimillonarios que lo perdieron todo y consiguieron recuperarlo. Un ejemplo: el expresidente de EE. UU., Donald Trump.

¿Por qué sucede esto?

Porque la principal diferencia está en cómo se relacionan con el dinero.

¿Qué significa para ti el dinero?

Da igual la cantidad que tengas —mucho o poco—, lo verdaderamente importante es si tienes una actitud positiva o negativa hacia él.

El sistema socioeconómico en el que vivimos se ha encargado de transmitirnos creencias limitantes sobre el dinero desde pequeños.

Si no te va bien económicamente, quizá sea porque tu mente está llena de ideas erróneas. Estas "verdades" llegaron a ti a través de tu familia, tu cultura y tu entorno... y se instalaron en tu cerebro sin pedir permiso.

¿Cómo cambiarlas?

Necesitas transformar tu forma de relacionarte con el dinero para poder sentirte bien cuando tengas más.

A continuación, te presento algunas de las creencias limitantes más comunes:

- El dinero no da la felicidad.
- No puedes ganarte la vida haciendo lo que te gusta.
- Si tocas el dinero, lávate las manos.
- El dinero no crece en los árboles.
- Mejor pobre pero honrado.
- Los ricos son malos.

Todas estas frases crean una mentalidad de escasez, que te impide conseguir y mantener el dinero en tu vida.

Piénsalo: ¿te quedarías con alguien que habla mal de ti? ¿O con alguien que tiene prejuicios hacia ti?

Evidentemente no. Pues eso mismo hace el dinero cuando llega a tus manos: se aleja.

Pero no es tu culpa. Ha sido el propio sistema el que ha trabajado para que creas todas estas cosas.

¿Es posible que lo haya hecho para empobrecerte y así poder manipularte con mayor facilidad?

¿Cómo cambiar estas creencias?

La única forma es reprogramando tu mente poco a poco.

Veamos algunos ejemplos con más detalle:

- “El dinero no es tan importante”

Te guste o no, necesitas dinero todos los días. A menos que tu objetivo sea vivir debajo de un puente.

- “La gente rica es mala; prefiero ser pobre pero honrado”

El carácter no lo da el dinero. El dinero simplemente potencia lo que ya hay en tu interior.

Si eres generoso, seguirás siéndolo. Si eres una mala persona, ahora serás una mala persona con poder.

• "El dinero es malo"

Lo malo es no tener dinero.

El dinero es una herramienta. Como un cuchillo, que puede usarse para cortar jamón... o para hacer daño. No es bueno ni malo por sí mismo: depende de cómo lo uses.

• "El dinero no da la felicidad"

Perdona, pero las deudas y la escasez dan aún menos felicidad.

El dinero sí puede dar felicidad si lo usas para:

- Disfrutar de experiencias.
- Viajar y conocer el mundo.
- Ayudar a otros.
- Comprar tu libertad financiera, tu tiempo y tu tranquilidad.

• "No soy bueno/a con el dinero"

Te aseguro que, después de leer este libro, conocerás las reglas del juego del dinero y tendrás una formación básica.

El dinero se crea primero en la mente y luego se materializa.

Cultiva una mentalidad de abundancia. El dinero se queda con quienes tienen una buena relación con él.

• "No se puede tener todo en la vida"

¿Seguro? La vida se puede dividir en distintas áreas: desarrollo personal, familia, salud, trabajo, amistades, amor, dinero, ocio...

Claro que puedes tenerlo todo. Nadie te lo impide, solo tú te pones límites.

• "El dinero está para gastarlo"

Correcto, el dinero está para gastarlo... pero también para ahorrarlo e invertirlo.

Si gastas todo lo que ganas, siempre vivirás al límite, da igual cuánto ingreses.

• "El dinero llama al dinero"

Sí, pero para ganar dinero también necesitas una buena idea, talento, creatividad y capacidad para resolver problemas.

Eso sí: tener dinero te lo pone más fácil.

Cuando uno de estos pensamientos limitantes aparezca en tu mente, analízalo y cámbialo por otro positivo.

La verdad que no te han enseñado:

"Todos y todas tenemos derecho a ser ricos y vivir en abundancia. Hay dinero para todos."

Y para terminar este apartado, te dejo esta frase para reflexionar:

"Cuestionar nuestras más arraigadas creencias requiere de mucho coraje, porque implica aceptar que hemos podido estar equivocados toda la vida."

— David Fischman

1.3 Los ricos

A continuación, veamos algunas características comunes de muchas personas ricas. Ya te adelanto que algunas de ellas te van a sorprender:

• Ven deportes o contenidos seleccionados para evitar las malas vibraciones que transmite la televisión convencional. En algunos casos, incluso no ven televisión.

Ejemplos de contenidos que evitan:

• Noticias que solo muestran desgracias, reduciendo la autoestima de las personas y generando miedo.

• Programas de cotilleo sobre famosos, que entretienen para que la gente deje de pensar en su propia vida.

• Publicidad constante que promueve el consumismo descontrolado.

• Viven por debajo de sus posibilidades. Es habitual encontrarlos en barrios donde tienen más dinero que la media.

• Compran objetos de segunda mano en muy buen estado.

Por ejemplo:

1. Coches de segunda mano.

2. Tienen sus propios negocios.

3. Piensan primero en ahorrar e invertir, y no en gastar en pasivos.

Pasivos:

Como diría Robert Kiyosaki:

"Los pasivos sacan dinero de tu bolsillo."

Ejemplos de pasivos:

• Comprar un coche: combustible, reparaciones, impuestos, seguro, ITV, etc.

• Comprar una casa con hipoteca: intereses del banco, mantenimiento, seguros, impuestos, luz, agua, basura... (No estoy diciendo que no compres una casa, ya hablaremos más adelante de las distintas opciones.)

• Comprar aparatos electrónicos.

• Comprar ropa de marca.

Activos:

• Compran activos.

Los activos son inversiones que generan dinero con el tiempo.

Como también dice Kiyosaki:

"Los activos meten dinero en tu bolsillo."

Ejemplos de activos:

• Comprar una casa sin endeudarse, para alquilarla o venderla más cara.
• Comprar un local sin endeudarse, para alquilarlo o venderlo.
• Comprar acciones o bonos.
• Invertir en oro u otras materias primas.
• Comprar una empresa que genere beneficios.

¿Floren, me estás diciendo que los ricos no compran caprichos y objetos lujosos?

No. Lo que te digo es que primero acumulan patrimonio, y después, con las rentas que generan sus activos, se dan los caprichos que quieran.

¿Y la clase media o los pobres, no hacen lo mismo?

No. Independientemente del dinero que tengan, la mayoría primero acumula pasivos (es decir, deudas), y solo si les sobra algo, piensan en invertir o ahorrar.

En resumen, existen cuatro formas principales de gastar el dinero:

1. Cubrir necesidades vitales.
2. Disfrutar de experiencias enriquecedoras.
3. Comprar símbolos de estatus.
4. Alcanzar la libertad financiera.

1.4 La bolsa es un casino

Este es otro de los mensajes que nos ha transmitido el sistema socioeconómico desde hace décadas.

¿Es posible que lo hayan hecho para que sigamos siendo pobres?

Muchas veces las cosas no son lo que parecen. La imagen que tenemos de algo suele estar distorsionada por prejuicios, desconocimiento o miedo.

Esto es exactamente lo que sucede con la bolsa en la mente de la mayoría de personas.

La televisión y el cine han hecho mucho daño a la imagen real de la bolsa.

Nos han vendido que es algo parecido a un casino. Y por eso, muchas personas se acercan pensando que pueden ganar dinero rápido, hacerse ricos de un día para otro...

Pero la realidad es que quienes ganan dinero de verdad en la bolsa, lo hacen a largo plazo, y reciben encantados a los que entran sin saber, porque suelen perder mucho dinero.

Nos adentraremos más en este tema cuando lleguemos al capítulo de inversión.

Por ahora, solo quiero que recuerdes esto:

La bolsa es la forma de inversión más rentable que existe a largo plazo.

Un dato importante:

En la bolsa estadounidense, nunca se ha perdido dinero en periodos de 10 años.

1.5 Todos participamos en el mercado financiero

Me resulta muy curioso cuando escucho a la gente decir:

"Yo no meto mi dinero en la bolsa ni loco."

Siento decirte que todos y todas participamos en el mercado financiero, lo sepamos o no.

Lo hacemos de las siguientes formas:

- Parte del dinero que tienes en tu cuenta corriente está invertido en bolsa y bonos.
- El dinero de los plazos fijos también está en bolsa y bonos.
- El dinero que tienes en fondos de inversión está, en su mayoría, invertido en bolsa y bonos.
- Lo mismo ocurre con el dinero de los planes de pensiones.

Como puedes ver, no hay forma de evitar los mercados financieros.

La diferencia está en quién toma las decisiones con tu dinero: ¿el banco o tú?

Personalmente, prefiero decidir yo dónde invertirlo, y por supuesto, quiero quedarme con la rentabilidad que se genera gracias a mi dinero.

Capítulo 2: DESARROLLO PERSONAL

2.1 Causalidad

Un día, de repente, sucede algo que parece no tener explicación...

Dudas, pero no quieres concederle demasiada importancia.

Sin embargo, al poco tiempo te ocurre otra situación parecida, y te das cuenta de que estaba relacionada con la anterior.

Cada persona interpreta estos sucesos de forma distinta:

• **Casualidad:** así lo ven quienes no creen que sus vidas puedan estar preescritas.

• **Causalidad:** así lo interpretamos quienes creemos en el "destino".

Desde mi punto de vista, el poder de la causalidad es más fuerte que el de la casualidad.

No creo en las coincidencias porque, por experiencia propia, pienso que las cosas pasan por algo, y que ese "algo" existe.

¿A qué me refiero?

Puede que sea una energía superior.

Puede que sea el Dios de cada religión.

O tal vez todos hablen del mismo Dios, solo que con distintos nombres.

No lo sé con certeza.

Pero sí tengo claro que, aunque posiblemente exista un destino, no creo que sea rígido.

Creo en el libre albedrío.

Creo que cada uno elige cómo vivir su vida dentro de las posibilidades que nos brinda esa fuerza, energía o Dios.

Y, por último, creo que es imprescindible aprender de los errores.

La vida es un aprendizaje constante.

Y cuando no aprendemos la lección, la vida nos vuelve a poner la misma situación delante... una vez más.

2.2 Salud física, mental y espiritual

¿Qué es la salud física?

La salud física consiste en el bienestar del cuerpo y en el óptimo funcionamiento del organismo.

2.2.1 Alimentación

Sin ninguna duda, estamos ante el factor más importante en relación con la salud física.

Para empezar, te hago una pregunta sencilla:

¿Le echarías a un Ferrari gasolina barata?

No, ¿verdad? ¡Qué locura!

Entonces cambiemos la pregunta:

¿Te alimentarías diariamente de comida basura?

Pues es lo mismo. Con una diferencia importante:

a tu cuerpo no lo puedes cambiar por otro. Solo tienes uno para toda la vida.

Por tanto, deberías pensar en darle el mejor "combustible" posible.

Desde mi experiencia personal, las dietas por sí solas no sirven de nada. Para que funcionen, debes seleccionar los alimentos que más te han gustado de las distintas dietas que hayas probado.

Después de eso, lo más importante es establecer un hábito. Comer sano debe dejar de ser un esfuerzo.

Mi recomendación es clara:

- Durante la semana, come sano.
- El fin de semana, date algún capricho... pero sin excesos.

2.2.2 Deporte

Necesitas hacer algún deporte que te guste, entre otras cosas porque te permitirá comer más sin engordar.

Los beneficios del deporte son muchos, y creo que no hace falta enumerarlos.

Pero al igual que con la alimentación, hay algunos aspectos importantes:

- Busca un deporte que realmente disfrutes.
- Mejor si lo puedes practicar con otras personas.
- Lo ideal es hacerlo con gente que tenga una condición física similar.
- Crea un hábito: la regularidad es clave. Empieza poco a poco. Si haces demasiado al principio, acabarás lesionándote o abandonando.
- Cuidado con las lesiones músculo-esqueléticas. Escucha a tu cuerpo.

2.2.3 El azúcar oculto

Cada vez más personas son conscientes de que el consumo de azúcar es perjudicial para la salud.

Sin embargo, aunque nos esforcemos por evitarlo, es difícil escapar del llamado "azúcar oculto".

¿Dónde se encuentra ese azúcar oculto?

Puede que pienses que consumes poco azúcar porque no se lo echas directamente al café o al yogur.

Pero lo cierto es que muchos productos aparentemente inofensivos están cargados de azúcar, y ni siquiera lo notamos.

Veamos algunos ejemplos:

• Snacks

Quizás pienses: "¡Pero si son salados!".

Sí, pero también contienen azúcares añadidos (especialmente derivados del maíz) para potenciar su sabor.

• Zumos envasados

Aunque ya contienen fructosa natural, las grandes marcas añaden sacarosa o jarabe de maíz con alto contenido en fructosa como conservantes.

• Pan de molde

Contiene más azúcar que otros tipos de pan. Se añade tanto para conservar como para lograr ese sabor característico.

Además, su índice glucémico es más alto que el del pan integral.

• Barritas

Aunque se venden como productos "ligeros" o "bajos en calorías", si revisas la etiqueta verás que aportan muchos hidratos de carbono y azúcar.

Y lo más preocupante: suelen contener grasas trans (hidrogenadas o de palma), que son aún peores que las grasas saturadas.

- Galletas saladas

Tienen un alto contenido en sal y entre un 5 % y un 7 % de azúcar.

- Salsas y aderezos

Kétchup, mayonesa, salsa rosa, mostaza...

Todas contienen azúcar como conservante.

¿No te parece curioso que hasta los productos salados contengan azúcar?

¿Cómo es posible que el 80 % de los productos envasados lleven azúcar?

¿Será que al sistema socioeconómico en el que vivimos le interesa crear enfermedades como la diabetes, la obesidad o las patologías crónicas?

La verdad es que este tema da mucho que pensar, ya que las enfermedades crónicas suponen una fuente de ingresos gigantesca para la industria farmacéutica.

2.2.4 Las adicciones

Aunque la lista de adicciones es muy larga, vamos a centrarnos en dos que son legales en España y que, evidentemente, suponen una fuente de ingresos muy alta para el gobierno.

- El alcohol

El alcohol es la droga más consumida por la población y goza de gran aceptación social. Sin embargo, no deja de ser una anestesia de sensaciones, emociones y pensamientos. Desde mi punto de vista, solo sirve para evadirnos de la realidad.

Es cierto que puede provocar relajación, euforia o soltura verbal y corporal, pero también puede causar el efecto contrario y arruinar el ambiente festivo que, habitualmente, asociamos con el alcohol.

Por mi parte, no voy a alargar más este tema. Solo te invito a hacer lo siguiente:

No bebas ni una gota de alcohol en un lugar donde todos estén bebiendo.

Saca tus propias conclusiones. Esa será, sin duda, la mejor lección.

• El tabaco

Como exfumador, te diré algo muy claro:

Dejarás de fumar cuando te dé la gana.

No importa quién te lo diga. Es una decisión personal y siempre está ligada a una motivación.

En mi caso, fueron dos:

1. Dejar de contaminar mi cuerpo (mi vehículo).
2. Empezar a practicar ciclismo de montaña y de carretera.

Te daré un consejo:

Déjalo de golpe. No progresivamente.

La progresión rara vez funciona, porque no rompe el vínculo por completo.

Y recuerda:

• Es difícil.

• No puedes rendirte.

• Si lo haces, es porque en el fondo no querías dejarlo.

• Nunca se te puede olvidar que un exfumador sigue siendo adicto de por vida. Nunca debes volver a probarlo.

¿Quieres un motivo económico?

Supongamos que una cajetilla cuesta 4 euros.

4 € x 365 días = 1.460 € al año

¿Qué podrías hacer con 1.460 euros extras cada año?

¿Qué es la salud mental?

La salud mental es, en términos generales, el estado de equilibrio entre la persona y su entorno sociocultural.

Incluye el bienestar emocional, psicológico y social.

Desde mi experiencia, tengo claro que la salud mental pasa por controlar la mente, mantener una actitud positiva y buscar el lado bueno de todo lo que sucede.

Yo no concibo la vida sin ilusión. Sea cual sea la actividad o el objetivo, siempre hay que hacer las cosas con entusiasmo.

Por eso creo que la felicidad es una cuestión de actitud.

Estar contentos con lo que hacemos depende más de nosotros que de las circunstancias.

Aceptar lo que tenemos o lo que hemos elegido nos hace más felices, y eso también beneficia a quienes nos rodean.

Es clave olvidarnos de lo que los demás piensan de nosotros, ya que solemos ser nuestros peores críticos.

También ayuda aprender a diferenciar entre problemas graves y problemillas.

No todo merece nuestra preocupación.

Por desgracia, muchos solo aprenden esta lección cuando enfrentan una verdadera crisis vital.

Recuerda esto:

La calidad de tus pensamientos determina la calidad de tu vida.

Todo se crea dos veces: primero en tu mente y después en la realidad.

Por eso, las mejoras externas comienzan en el interior.

¿Por qué enferma nuestra salud mental?

- Por adoptar problemas ajenos.
- Por vivir anclados en el pasado.
- Por trabajar en algo que no nos gusta.
- Por renunciar a nuestros sueños.
- Por guardar rencor.
- Por reprimir nuestras emociones.
- Por aferrarnos a lo que ya no existe.
- Por tener miedo y no atrevernos a cambiar.

Reflexión final:

"El éxito no es la clave de la felicidad. La felicidad es la clave del éxito. Si amas lo que haces, tendrás éxito."

— Albert Schweitzer

¿Qué es la salud espiritual?

Cuando puedas decir sinceramente:

"Aquí y ahora tengo lo que necesito para ser feliz",

habrás alcanzado la salud espiritual.

La pobreza espiritual puede derivar en pobreza material, porque la verdadera abundancia abarca salud física y mental, amor propio y hacia los demás.

Claves para mejorar la salud espiritual:

- Practica la generosidad: lo que das, te vuelve multiplicado.
- Alégrate del bien ajeno: eso también atrae abundancia.
- Agradece lo que tienes y deja de quejarte.
- Recuerda: donde pones tu atención, va tu energía.

- La abundancia es tener tiempo, salud y dinero.
- Sé austero: gasta menos de lo que tienes.
- Haz las paces con el dinero: es energía, ni buena ni mala.
- Haz una desintoxicación espiritual para lograr la abundancia.

¿Cómo mejorar tu salud espiritual de forma sencilla?

- Estando en contacto con la naturaleza.
- Ayudando a los demás.
- Practicando la gratitud.
- Haciendo yoga o mindfulness.
- Educando tu mente y tu ego.

2.3 El amor

Estas son las primeras definiciones que aparecen en Google al buscar "¿qué es el amor?":

- Sentimiento de vivo afecto e inclinación hacia una persona o cosa.
- Sentimiento de intensa atracción emocional y sexual hacia una persona con la que se desea compartir la vida.

Desde mi punto de vista, estas definiciones ya empiezan mal.

¿Dónde queda el amor hacia uno mismo?

Para amar de verdad, primero tienes que quererte y valorarte a ti mismo.

Si no, difícilmente podrás hacerlo con los demás.

Estas definiciones también revelan una obsesión social por encontrar pareja.

Y sí, puedes encontrar a alguien especial. Pero eso no debe ser una obsesión.

Lo mínimo es que estés tan bien solo como acompañado. Y si tu pareja no te hace sentir aún mejor, entonces no suma.

No existe la persona perfecta.

Pero con los años uno aprende lo que quiere... y sobre todo, lo que no quiere.

Nunca debemos arrepentirnos de nuestros errores en el amor.

La vida es un aprendizaje constante.

Gracias a mis errores pasados, hoy puedo estar con una chica estupenda y muy especial.

2.4 Relaciones sociales

Vamos a repasar algunos principios básicos para mejorar nuestras relaciones:

- Empatía

Si puedes ponerte en el lugar del otro, todo es más fácil.

¿Te habría gustado que actuaran contigo de esa forma? ¿O que te dijeran lo mismo?

- Evita discutir

Como dice el refrán:

"Dos no se pelean si uno no quiere."

Evita discusiones: no aportan nada.

- Cuida el tono

¿Esperas una buena respuesta si llegas gritando?

No tienes más razón por subir la voz.

- Mejora como persona

Las mejoras comienzan por dentro y luego se proyectan fuera.

- Rodéate de las personas adecuadas

Eres el reflejo de las 5 personas con las que más tiempo compartes.

- Valora los silencios

A veces, un silencio a tiempo evita una gran discusión.

- Lenguaje corporal

Ten cuidado con lo que expresas sin palabras.

Brazos cruzados, mirar hacia otro lado... dicen más de lo que imaginas.

- Personas tóxicas

Aléjate de quienes solo llaman para pedir favores o contar problemas.

- Soluciona los problemas al instante

Si algo te molesta, exprésalo con educación.

No lo guardes: puede explotar después.

- Escucha para aprender

Si no sabes de qué hablan, escucha y aprende.

- Evita la prepotencia

No hay defecto peor. La humildad siempre gana.

- Reconoce tus errores

Los errores no existen. Solo las lecciones.

- Háblale a quien quiere escucharte

"Cuando el alumno esté preparado, aparecerá el maestro."

"Donde quiera que estén las huellas del maestro, allí los oídos del que es apto para recibir sus enseñanzas se abren de par en par.

Y además:

Cuando el oído es capaz de oír, vienen los labios que han de llenarlos con sabiduría."

— El Kybalión

- No envidies ni juzgues

Alégrate por los logros de los demás y atraerás abundancia.

• Interésate por los demás

Si das, recibirás. Así de sencillo.

• Piensa también en lo que le interesa al otro

Eso facilita incluso encontrar trabajo.

• Tu sonrisa es una mensajera de bondad

Cuesta lo mismo sonreír que estar serio.

• Crea alegría donde vayas

• Recuerda el nombre de las personas. Haz que se sientan importantes.

Reflexión final:

"Somos la suma de los momentos vividos, de las huellas que dejamos por el camino.

Por eso es importante elegir bien a quién llevamos con nosotros, sin confundir enemigos con amigos.

Recuerda: si la vida es un viaje y nosotros los viajeros, es mejor viajar ligero que con exceso de equipaje."

Historia: Lo que llevamos dentro.

Para cerrar este apartado, quiero contarte una pequeña historia:

Un día, dos familias se mudaron a un nuevo pueblo. Ambas se encontraron con la misma mujer en su jardín.

La primera familia llegó a la población y el padre se acercó a una anciana que estaba regando sus plantas:

—¡Señora! Nos acabamos de mudar a este pueblo y quisiera hacerle una pregunta.

—¿Cómo es la gente de aquí?

La anciana le respondió con otra pregunta:

—¿Cómo era la gente en el lugar del que usted viene?

—Eran malas personas, sin educación —contestó el padre.

—Entonces aquí encontrará lo mismo —respondió la anciana.

Poco después, llegó la segunda familia. El padre se acercó a la misma anciana, que seguía regando sus plantas:

—¡Señora! Nos acabamos de mudar a este pueblo y quería preguntarle:

—¿Cómo es la gente de este lugar?

—¿Cómo era la gente en el pueblo del que usted viene? —preguntó la anciana.

—Eran personas maravillosas, nos dio mucha pena marcharnos —respondió el padre.

—Entonces aquí encontrará lo mismo —le dijo ella.

2.5 El minimalismo: en busca de la felicidad

Uno de mis principales objetivos en la vida es alcanzar la felicidad, y creo que uno de los mejores caminos para lograrlo es el minimalismo.

Como ya imaginarás, **el minimalismo es lo opuesto al consumismo.**

Vivimos en una sociedad diseñada para que consumamos todo lo posible.

Pero no es culpa nuestra: nos han educado para desear más cosas y, además, para querer siempre las más caras.

En esta cultura consumista, la felicidad parece medirse por la capacidad de compra:

- El que tiene un Ferrari es más feliz que el que tiene un BMW.
- Y ambos son más felices que quien conduce un Seat.

¿En serio?

El minimalismo es una forma de vida que te invita a centrarte en lo verdaderamente importante.

No se trata de ser tacaño ni de vivir como si fueras pobre.

Se trata de tener claro qué quieres en la vida y de valorar lo que realmente importa para ti.

Es lógico pensar que las cosas materiales no te van a dar la felicidad.

Y si pasas tu vida persiguiéndolas, puede que te des cuenta demasiado tarde.

Reflexión minimalista:

• A medida que envejezcas, descubrirás que un reloj de 400 euros y uno de 40 marcan la misma hora.

• Una cartera de Gucci y una de Nike cargan el mismo dinero.

• Una casa de 200.000 euros y otra de 60.000 pueden transmitir la misma soledad.

• Un Renault también te lleva al mismo sitio que un Ferrari.

• La verdadera felicidad no está en lo material, sino en el amor, las risas y los momentos compartidos.

• Todos moriremos. Ser humilde es recordar que nadie se libra del mismo final.

El sistema nos crea necesidades artificiales, pero las únicas verdaderamente necesarias son las básicas.

"Compra solo lo necesario, no lo conveniente. Lo innecesario, aunque cueste un solo céntimo, es caro."

— Séneca

Claves para acercarte al minimalismo

1. Vende lo que no uses

¿Hace más de un año que no utilizas algo?

Véndelo. Te sorprenderás de lo que puedes ganar.

2. Evita el estilo de vida consumista

Papá Noel, Reyes Magos, Black Friday, Día del Padre/Madre, cumpleaños, rebajas, San Valentín...

¿Te das cuenta? Todo está diseñado para que compres, incluso te dicen cuándo.

3. Valora tu tiempo y aprende a decir NO

El tiempo es el recurso más valioso que tienes.

Haz lo que te apetezca y no lo que se espera de ti.

Evita compromisos que no te aportan nada.

4. Ordena tu vida, tu casa y tus finanzas

- Tu vida: Céntrate en lo que realmente importa para ti y tus seres queridos.
- Tu casa: Elimina lo que no usas. No acumules sin sentido.
- Tus finanzas: Reduce deudas, baja el gasto y aumenta el ahorro y la inversión.

Reflexión final

Antes de cerrar este apartado, quiero invitarte a reflexionar sinceramente sobre lo siguiente:

- ¿Qué es más importante para ti: tu trabajo o tu familia?
- ¿Vives para trabajar o trabajas para vivir?

Porque a veces es necesario parar y pensar.

Tomarse un respiro para observar hacia dónde nos dirigimos...

Y preguntarnos si ese camino es realmente el que queremos recorrer.

"Si vives para trabajar, estás intercambiando tu tiempo por dinero. Sinceramente, creo que es el peor negocio que puedes hacer, porque **siempre podrás ganar más dinero,**
pero nunca tener más tiempo."
— Tony Robbins

Capítulo 3: EL PODER DE LA ENERGÍA

3.1 La ley de la atracción

¿Es posible sentirse bien y, al mismo tiempo, tener pensamientos negativos?

Evidentemente, no. Si te sientes bien es porque estás generando pensamientos positivos.

Y si te sientes bien de forma sostenida, estarás creando un futuro alineado con tus deseos.

Por el contrario, si te sientes mal, estarás atrayendo experiencias alejadas de lo que realmente quieres.

La ley de la atracción sostiene que todo lo que piensas y expresas crea tu realidad futura.

Si te sientes bien, tendrás una actitud positiva frente a la vida.

Si estás preocupado o con miedo, atraerás más preocupación y más miedo.

"No me inviten a una marcha en contra de la guerra; invítenme a una marcha a favor de la paz."

— Madre Teresa de Calcuta

¿Por qué decía esto?

Porque una marcha contra la guerra enfoca la atención en la guerra.

Una marcha a favor de la paz enfoca la energía en la paz.

Ese es el poder de la ley de la atracción: donde pones tu atención, pones tu energía.

Se estima que tenemos unos 60.000 pensamientos al día, y el 99 % de ellos se repiten.

Por eso, es esencial centrar la mente en pensamientos positivos y aprender a detectar y soltar los negativos.

Si haces esto, los resultados llegarán sin forzarlos.

¿Por qué los medios de comunicación nos bombardean a diario con catástrofes, asesinatos, escasez, miedo...?

¿Quién los controla?

¿Es posible que el sistema quiera que la gente viva en miedo, frustración e inseguridad para mantenerla controlada?

Reflexión

"Todo lo que aparece en tu vida, tú lo atraes.

Visualiza un mundo de abundancia y lo tendrás.

Llena tu mente de imágenes y pensamientos positivos,

llénate de amor y gratitud,

y atraerás lo mejor para tu vida."

3.2 La abundancia

¿Qué es la abundancia?

La abundancia es un estado en el que nos sentimos tan bien con nosotros mismos y con la vida, que podemos disfrutar de armonía y felicidad en todas nuestras áreas internas.

Mucha gente asocia abundancia solo con dinero.

Piensan que solo es abundante quien tiene una cuenta corriente con muchos ceros.

Pero eso es una creencia limitante.

La verdadera abundancia es un estado mental.

Puedes ser abundante en muchas formas:

- Paz
- Amor
- Dinero
- Bienestar
- Tiempo
- Felicidad
- Éxito
- Autorrealización

¿Cómo alcanzar ese estado?

Según las leyes de la abundancia, es más probable tener éxito donde creemos que podemos tenerlo.

Una mentalidad abundante nos predispone a lograr lo que nos proponemos.

Desde una perspectiva espiritual, la abundancia puede definirse como un estado mental, emocional y físico de prosperidad, riqueza y bienestar.

"Si crees que funcionará, verás oportunidades.
Si crees que no funcionará, verás obstáculos."
— Wayne Dyer

Las diez leyes de la abundancia
(según Sergio Fernández, autor de "Vivir con abundancia")

1. Ley de la creación

Todo se crea primero en la mente y luego se manifiesta en el plano físico.

2. Ley de la vibración

Cuanto más piensas o sientes algo, más probable es que lo atraigas.

3. Ley de causa y efecto

Nuestros actos, pensamientos y emociones tienen consecuencias futuras.

4. Ley del equilibrio

Lo que das, recibes.

5. Ley del orden

El orden correcto en la vida es: ser – hacer – tener.

Ejemplo:

- Ser: formarme para escribir este libro.
- Hacer: escribirlo.
- Tener: venderlo y aportar valor.

6. Ley de la acción

Como haces una cosa, así haces todo.

7. Ley del mínimo esfuerzo

Busca el camino más simple y eficaz para lograr tus objetivos.

8. Ley de los medios y los fines

Solo siendo feliz hoy, podrás ser feliz mañana.

Céntrate en el aquí y ahora.

9. Ley de la expresión de los dones

Pon tus talentos al servicio de los demás.

10. Ley del desapego

Sé generoso sin esperar nada a cambio.

No te enfoques en recibir, sino en dar desde el corazón.

Claves para sembrar abundancia en tu vida

(basado en las enseñanzas de Borja Vilaseca)

- Cuida tu cuerpo.
- Practica el altruismo.
- Alégrate de la felicidad ajena.
- Entrena el agradecimiento: muchas veces solo valoramos lo que tenemos cuando lo perdemos.
- Haz las paces con el dinero: libérate de tus creencias limitantes.

Capítulo 4: EDUCACIÓN FINANCIERA: EL JUEGO DEL DINERO

4.1 Introducción a la educación financiera

¿Cómo se puede jugar a un juego si nadie te ha explicado las reglas?

Pues eso es exactamente lo que sucede con la educación financiera.

La educación financiera consiste en aprender a hacer un uso adecuado del dinero.

Es conocer las reglas del juego. Porque el dinero, como cualquier herramienta, no es bueno ni malo: su valor depende de cómo se utilice.

Un martillo puede ser útil para clavar clavos, pero si se usa para hacer daño, se convierte en un arma.

Del mismo modo, el dinero es una herramienta.

Pero también es energía, y como toda energía, necesita fluir.

No se trata solo de acumular, sino de mantenerlo en movimiento, de lo contrario, se estanca y pierde su valor.

A día de hoy, no tener una educación financiera básica es tan grave como no saber leer ni escribir.

Pero vivimos en una sociedad basada en la cultura del subsidio, donde muchas personas depositan su confianza en "papá Estado".

¿Pero estás seguro de que el Estado siempre estará ahí para ayudarte?

"Si dejamos al gobierno a cargo del desierto, nos quedamos sin arena en unos años."

— Milton Friedman

A lo largo de este capítulo vas a comenzar tu propio camino hacia la educación financiera, que, según mi experiencia, se compone de cinco fases:

1. Formación
2. Control del gasto
3. Eliminación de deudas
4. Ahorro
5. Inversión

4.2 La formación

A lo largo del libro desarrollaremos cada una de las fases anteriores, pero en este capítulo nos centraremos en la primera: la formación.

Nadie nace enseñado.

Yo mismo, hasta hace "cuatro días", era un ignorante financiero.

Tuve que enfrentarme a situaciones que no entendía, y como nadie me había explicado las reglas del juego, perdí dinero.

Por desgracia, el ser humano solo reacciona cuando le tocan el bolsillo.

Desde pequeño me interesó la bolsa, pero no tuve acceso a una educación adecuada.

Con los años empecé a preocuparme por mi futuro, ya que la pirámide generacional en España se estaba invirtiendo: hay cada vez más personas mayores y menos jóvenes.

¿Cómo van esos jóvenes a sostener nuestras pensiones?

Es evidente que el sistema es insostenible.

En mi caso, la partida del "juego del dinero" comenzó en 2009, cuando recibí una herencia de mi tío.

Recibí una propiedad, algo de dinero... y bastantes deudas.

No tenía ni idea de lo que hacía, y acepté la herencia sin asesorarme.

Con el tiempo obtuve cierto beneficio, pero también me trajo muchos problemas económicos.

Errores y aprendizajes reales

1. Herencia mal gestionada

Acepté sin revisar las deudas.

2. Bonos preferentes CAM

En el banco me ofrecieron una "opción mejor" que el plazo fijo.

La mitad del dinero fue a parar a bonos preferentes supuestamente "sin riesgo".

Lo que no nos dijeron fue que eran deuda perpetua.

3. Pérdidas con acciones del Banco Sabadell

Cuando la CAM fue comprada por 1 € por el Sabadell, nos ofrecieron cambiar los bonos por acciones.

Vendí en pánico cuando bajaron a 1,90 € y perdí dinero.

Los que no vendieron, al menos no perdieron.

4. Impuesto de sucesiones

Al ser sobrino (familiar de tercer grado), tuve que pagar 18.000 €.

Presenté recursos... y los perdí.

Me vi obligado a pedir un préstamo personal en plena crisis (2011-2012).

5. Casi quiebra financiera

Dedicaba entre el 60 % y el 65 % de mis ingresos a pagar deudas.

Por si fuera poco, me divorcié y descubrí que estaba en números rojos.

El resurgir del Ave Fénix

Mi divorcio supuso un renacer en todos los sentidos.

Gracias al apoyo económico de mis padres, que vendieron un terreno rústico —a pesar de ser una familia humilde—, logré estabilizarme.

Sentí que la vida me daba una nueva oportunidad.

Y no pensaba desperdiciarla.

Poco después conocí a una mujer maravillosa, que me acompaña hoy en día y sacó lo mejor de mí.

La verdadera formación

Una vez superadas las pruebas de la vida, comenzó mi formación consciente.

Leí libros, seguí canales de YouTube, blogs, cuentas de Twitter... absorbí todo lo que pude.

Y hubo tres libros clave:

- Vive pasivamente, de Miguel Ángel Bautista
- Independízate de papá Estado, de Carlos Galán
- El monje que vendió su Ferrari, de Robin S. Sharma (en el ámbito del desarrollo personal)

También empecé a practicar mindfulness, gracias al libro:

- ¡Tómate un respiro!, de Mario Alonso Puig

Además, realicé un Máster en Bolsa y un Máster en Inversión y Productos Financieros.

En bolsa, quien más me enseñó fue Gregorio Hernández, un referente en inversión directa a largo plazo.

Mi método: cómo apliqué todo lo aprendido

1. Control de gastos y reducción de deudas
2. Ahorro e inversión en fondos indexados
3. Ayudar a los demás (como hago ahora escribiendo este libro)

No lamentes tu pasado.

Acéptalo como el maestro que fue.

Reflexión

“El resultado final es una medida que depende de tus hábitos.

Tu riqueza neta depende de tus hábitos financieros.

Tu peso depende de tus hábitos alimenticios.

Tu conocimiento depende de tus hábitos de aprendizaje.”

¿Por qué es urgente formarse financieramente?

Piensa en estas dos situaciones:

1. Un país con formación financiera:

→ Ciudadanos más ricos, libres y prósperos.

2. Un país sin formación financiera:

→ Ciudadanos más pobres y más fáciles de manipular.

¿Es posible que no formar a los ciudadanos en finanzas sea una estrategia para mantener el poder político y restringir libertades?

¿Es posible que la banca se aproveche de quienes no tienen formación financiera?

Capítulo 5: LA DEUDA

5.1 El consumismo: la carrera de la rata

Para comprender bien qué es esto de la carrera de la rata, empezaremos con una frase de un actor muy conocido:

> "Demasiadas personas gastan dinero que no han ganado,
> para comprar cosas que no desean,
> para impresionar a personas que les caen mal."
> — Will Smith

En nuestra sociedad, el gasto se asocia al estatus y a la aprobación social.

Vivimos inmersos en una carrera que no lleva a ningún lugar, la carrera de la rata.

¿De verdad necesitamos tantas cosas?

¿Realmente necesitas ganar mucho dinero... o aprender a gestionar lo que ya tienes?

Si no sabes gestionar 1.000 €, tampoco sabrás gestionar 100.000 €.

Tarde o temprano igualarás tus gastos a tus ingresos.

Esto ocurre por dos razones:

- El principio del gasto creciente: A medida que ganas más, gastas más.

• El "termostato financiero": Tienes una cantidad límite mental. Si superas cierto saldo, te sientes obligado a gastarlo.

La carrera de la rata: un ciclo sin fin.

Veamos cómo se resume este círculo vicioso:

1. Trabajas duro.
2. Compras cosas.
3. No llegas a fin de mes.
4. Pides prestado.
5. Pagas las cuotas de las deudas.
6. Te quedas sin dinero.
7. Y todo vuelve a empezar.

"La publicidad nos hace desear coches y ropa,
y tenemos trabajos que odiamos
para comprar cosas que no necesitamos."

¿Te suena?

Es muy posible que tú también estés dentro de esta rueda.

No te preocupes, yo mismo estoy saliendo de ella, y te aseguro que es posible salir.

¿Cómo escapar de la carrera de la rata?

Sigue estos pasos:

1. Educación financiera

Aprende las reglas del juego del dinero.

2. Ahorra

Gasta menos de lo que ganas. Siempre.

3. Genera ingresos extra

Busca otras fuentes de ingreso además de tu trabajo principal.

4. Invierte lo que ahorres

Haz que tu dinero trabaje para ti.

Ten paciencia.

A lo largo de este libro vas a obtener los conocimientos necesarios para salir de esta trampa que el sistema socioeconómico y la sociedad nos han impuesto sin que nos demos cuenta.

5.2 Control del gasto

¿Cómo vas a ahorrar si no sabes en qué se te va el dinero?

A nadie le gusta anotar sus gastos, lo sé, pero es fundamental que al menos durante un mes registres absolutamente todo lo que gastas. Solo así serás plenamente consciente de tus hábitos financieros.

¿Dónde apuntar los gastos?

Mi recomendación es que utilices una hoja de Excel. Es sencillo de usar y muy útil.

Si lo necesitas, puedes escribirme y te enviaré el modelo que yo utilizo.

Básicamente se trata de elaborar un balance mensual, donde apuntes:

- Tus ingresos
- Tus gastos

Ojalá el resultado sea positivo.

Si gastas más de lo que ingresas, tendrás que tomar una decisión:

O reducir gastos,

O aumentar tus ingresos.

Personalmente, creo que es más fácil empezar por reducir los gastos.

Tendrás una economía sana si, y solo si, ingresas más de lo que gastas.

Y para lograrlo, el primer paso es identificar los "gastos invisibles" que suelen pasar desapercibidos: los gastos hormiga.

5.3 Gastos hormiga

¿Sientes que llegas a fin de mes con menos dinero del que esperabas?

Puede que los gastos hormiga estén teniendo más impacto del que imaginas.

¿Qué son los gastos hormiga?

Son pequeños gastos cotidianos que pasamos por alto porque parecen insignificantes.

Pero su acumulación puede suponer cientos o incluso miles de euros al año.

"Cuida de los pequeños gastos; un pequeño agujero puede hundir un gran barco."

— Benjamin Franklin

5 gastos hormiga comunes que debes vigilar

1. Comer fuera de casa

Además de ser menos saludable, comer en casa puede ahorrarte hasta un 50 % del gasto en alimentación.

No te digo que nunca salgas a comer, solo que seas consciente del gasto que representa.

2. Vicios y ocio

¿Fumas? ¿Tomas café cada mañana fuera de casa? ¿Compras snacks sin pensarlo?

Por ejemplo, si reduces una cajetilla de tabaco a la semana (5 €), ahorrarás 260 € al año.

Otras fuentes de gasto pueden ser:

- Cervezas o copas en bares
- Snacks de máquina
- Compras impulsivas
- Cafés diarios

No te pido que elimines todo, sino que lo tengas en cuenta y lo ajustes a tu presupuesto.

3. Gastos bancarios innecesarios

Muchos no se dan cuenta, pero los bancos cobran por:

- Mantenimiento de la cuenta
- Transferencias
- Operaciones en ventanilla
- Retiradas en cajeros de otras entidades

Si tienes nómina y aún te cobran comisiones, cámbiate de banco. Tienes alternativas sin comisiones.

4. Servicios contratados que no utilizas

Haz una auditoría rápida:

- ¿Vas al gimnasio al que pagas?
- ¿Usas Spotify o Prime Video tanto como para que te compense?
- ¿Necesitas tantos GB en tu tarifa móvil?
- ¿Tienes un seguro duplicado?
- ¿Tienes una potencia de luz innecesaria?

Cancela lo que no uses y ajusta lo que uses poco.

5. Loterías, tragaperras y juegos de azar

Un estudio de la OCU reveló que el español medio gasta 450 € al año en juegos de azar.

Y el 93 % de los jugadores no recupera nunca lo invertido.

Además, **4 de cada 5 ganadores de lotería acaban arruinados o igual que antes.**

¿Por qué? Porque no saben cómo gestionar el dinero.

¿Te digo que dejes de jugar o de tener caprichos?

NO.

Solo te invito a aplicar sentido común.

Como con una dieta:

No dejas de comer, pero controlas lo que comes.

No tienes que eliminar todos los gastos hormiga, pero sí controlarlos.

3 pasos para controlar los gastos hormiga

1. Identifícalos

Anótalos. Un euro al día son 365 € al año.

10 € a la semana son 520 € al año.

La suma importa.

2. Elabora un presupuesto mensual

Ponle límites a tu gasto en ocio o caprichos.

No se trata de eliminarlos, sino de establecer un control consciente.

3. Toma consciencia del dinero que gastas

Pagar en efectivo te ayuda a sentir el valor real del dinero.

Con la tarjeta o el móvil, es fácil gastar sin pensar.

Último consejo:

No pierdas el tiempo ahorrando en cosas mínimas que no tienen impacto real.

No le pongas menos azúcar al café para ahorrar 2 € al mes... hazlo porque es más sano.

El foco debe estar en reducir gastos fijos y significativos.

5.4 Apuestas deportivas

Aunque en el apartado anterior hablamos de las loterías y los juegos de azar, considero que este tema merece un capítulo propio. Estamos ante una auténtica lacra social.

En muchas ciudades las casas de apuestas se han multiplicado como una plaga. Y eso es solo lo que vemos.

Por otro lado, las casas de apuestas online también crecen a un ritmo alarmante, especialmente entre los más jóvenes.

Ya se han registrado casos de chicos de 20 años que se han quitado la vida por deudas de juego.

Esto no es un juego, es una tragedia silenciosa.

Mientras que en muchos países estas prácticas están prohibidas o fuertemente reguladas, en España se permite y se publicita sin restricciones, incluso asociando estas marcas a clubes deportivos y deportistas de élite.

Esto crea una falsa imagen de éxito y diversión, cuando en realidad la gran mayoría pierde dinero.

Algunos datos impactantes:

- El 90 % de los apostantes pierden dinero.
- Nadie está libre de caer en la ludopatía.
- Incluso los que ganan, a menudo terminan perdiéndolo todo.

Entonces, ¿por qué te hablo de esto?

Porque estamos ante un generador de deudas y sufrimiento emocional muy peligroso.

Tal vez tú nunca hayas apostado, pero quiero advertirte antes de que la tentación aparezca.

Si quieres jugar por diversión, mejor haz la quiniela de toda la vida.

Las apuestas deportivas no son un juego: son un riesgo real.

5.5 Bola de nieve de la deuda

Ahora que ya has tomado conciencia de tus deudas, es el momento de eliminarlas poco a poco.

Será un proceso difícil, sí, pero también liberador. Merece la pena, porque te conducirá directamente hacia tu libertad financiera.

¿Cómo eliminar las deudas?

Vamos a utilizar el método "bola de nieve" popularizado por Dave Ramsey. Es muy sencillo de aplicar:

Pasos del método:

1. Haz una lista de todas tus deudas.

Ordénalas de menor a mayor, sin importar el tipo de interés (normalmente las más pequeñas suelen tener intereses más altos).

2. Paga la cuota mínima de todas, excepto la más pequeña.

A esa, destina todo el dinero extra que puedas.

3. Cuando termines de pagar la más pequeña,

usa todo el dinero que destinabas a esa deuda para atacar la siguiente.

4. Repite el proceso hasta que te liberes de todas tus deudas.

Este sistema funciona por motivación y enfoque.

La primera victoria te dará impulso para continuar con las siguientes.

Si ya eras capaz de pagar la primera cuota, puedes usar ese mismo dinero para acelerar el pago de la siguiente.

Eso sí, es fácil de entender, pero no fácil de aplicar.

Requiere compromiso, sacrificio y disciplina... pero funciona.

5.6 Préstamos personales, tarjetas y financiación sin intereses

5.6.1 Préstamos personales

En algún momento puede que necesites solicitar un préstamo.

Yo mismo lo hice, y cometí varios errores. Por eso quiero ayudarte a que tú no los repitas.

Consejos básicos:

• No aceptes el primer préstamo que te ofrezca tu banco.

Compara condiciones en plataformas y simuladores online.

• Presta atención al T.A.E., no al T.I.N.

El T.I.N. (Tipo de Interés Nominal) solo refleja los intereses,

mientras que el T.A.E. (Tasa Anual Equivalente) incluye también comisiones y gastos.

Ejemplo real:

• Un préstamo puede tener un T.I.N. del 0 %,

pero un T.A.E. del 10 %.

¡No te dejes engañar por el T.I.N.!

Otros consejos útiles:

• Intenta no alargar el préstamo más de 4 años.

Cuanto más tiempo, más intereses pagarás.

• Si puedes, adelanta pagos durante los primeros años,

porque es cuando más intereses se generan.

• Evita los préstamos personales si puedes.

Si necesitas una cantidad importante, un préstamo hipotecario (bien negociado) puede tener mejores condiciones.

En resumen:

• Compara bien antes de firmar.

• Lee siempre la letra pequeña.

• Y, si puedes, no pidas préstamos: construye primero tu colchón de seguridad.

5.6.2 Tarjetas revolving y microcréditos

¡Prepárate, porque aquí llega el verdadero atraco a mano armada!

¿Qué son las tarjetas revolving?

Son un tipo de tarjeta de crédito que te ofrece un límite de dinero para gastar, y te permite pagarlo cómodamente en cuotas mensuales.

¿Dónde está la trampa?

En que los intereses son altísimos, y cuanto más pequeña sea la cuota que elijas pagar cada mes, más intereses terminarás pagando.

La T.A.E. media de estas tarjetas ronda el 20 %, y muchas superan incluso el 25 % o el 30 %.

Es decir, es un atraco legalizado disfrazado de flexibilidad.

Siento decírtelo así, pero los intereses de tu tarjeta revolving son un impuesto a la mala gestión del dinero.

Estás pagando mucho más por algo que, con planificación, te podría haber salido gratis.

¿Qué ocurre en la práctica?

Vamos a verlo con un ejemplo real:

• Supón que pides 1.000 € con una tarjeta revolving al 29 % T.A.E.

• Decides pagar solo la cuota mínima del 3 % mensual, es decir, 30 € al mes.

Primer mes:

- Pagas 30 €.
- Los intereses generados sobre los 1.000 € al 29 % son 24,17 €.
- Solo estás amortizando 5,83 € de capital real.
- Tu deuda baja de 1.000 € a 994,17 €.

Segundo mes:

- De nuevo pagas 30 €.
- Los intereses esta vez son 24,03 €.
- Solo amortizas 5,97 € de deuda.
- Tu deuda ahora es de 988,20 €.

Y así sucesivamente. A este ritmo, si no cambias nada ni haces amortizaciones extra, tardarás más de 11 años en pagar los 1.000 €... y acabarás pagando más de 4.000 € en total.

¿Y si un mes no puedes pagar?

- Si devuelves un recibo o te retrasas, se aplican más comisiones, intereses de demora y penalizaciones.
- En ese caso, la deuda puede crecer hasta volverse impagable.
- Literalmente puedes pasarte la vida pagando por esos 1.000 € iniciales.

¿Y los microcréditos?

Aún más peligrosos.

Los microcréditos son préstamos de pequeñas cantidades (normalmente menos de 1.000 €), que se conceden de forma casi inmediata... pero con intereses desorbitados.

Muchos microcréditos anuncian "0 % T.A.E." si devuelves el dinero en 7 o 14 días.

Pero si no lo haces (y es lo habitual), los intereses pueden superar el 200 % anual.

Conclusión:

- Evita las tarjetas revolving y los microcréditos.

- Si necesitas financiación, busca otras vías más transparentes y con intereses justos.
- Lo barato sale muy caro, y lo "cómodo" puede convertirse en una cadena invisible que te arruina la vida.

"Si no puedes pagar algo en efectivo, es porque aún no te lo puedes permitir."

Haz del ahorro tu escudo, y de la inversión tu espada.

5.6.3 Uso inteligente de las tarjetas y la financiación

Tarjetas de crédito: ¿ángeles o demonios?

En lo que respecta a las tarjetas, considero que sí se pueden utilizar tarjetas de crédito, siempre y cuando sepas aprovechar su gran ventaja: te prestan dinero gratis durante unos 40 días.

Por ejemplo, si tu tarjeta se pone a cero el día 21 de cada mes, no te cargarán lo gastado hasta finales del mes siguiente, por lo que tienes ese margen para pagar sin intereses.

Importante: deberás pagar todo el importe gastado de una sola vez, de lo contrario, se generarán intereses altísimos. Además, asegúrate de que tu tarjeta está configurada para el pago total a fin de mes, no en cuotas.

Este tipo de tarjetas, si se usan con control y responsabilidad, pueden ser incluso beneficiosas.

Personalmente, me gusta utilizarlas, pero reconozco que prefiero pagar en metálico, porque duele más deshacerse de algo físico, y eso ayuda a gastar menos.

Tarjetas de débito

También existen las tarjetas de débito, muy útiles, ya que:

- Te cobran al instante.
- Sirven para sacar dinero del cajero.
- Solo puedes pagar si tienes dinero en la cuenta corriente.

Una excelente opción para personas que quieren controlar el gasto de forma estricta y evitar sorpresas.

¿Qué son los microcréditos o préstamos rápidos?

Un microcrédito es un préstamo de pequeña cantidad y corta duración, destinado a personas con bajo nivel de recursos o sin avales, generalmente excluidas de la banca tradicional.

Sus condiciones son muy similares a las tarjetas revolving, con intereses desorbitados y comisiones ocultas.

Si necesitas un microcrédito, probablemente tu situación económica ya esté muy complicada.

¡Ojalá nunca te veas en la necesidad de recurrir a ellos!

Financiación sin intereses

Seguro que en algún momento te has sentido tentado/a por ofertas de "financiación sin intereses", esas que te permiten pagar algo en cómodos plazos.

Pero ojo, porque no siempre es oro todo lo que reluce:

¿Por qué te lo ponen tan fácil para comprar?

1. Captación de datos personales

Para poder ofrecerte posteriormente tarjetas de crédito, préstamos personales y otros productos financieros.

2. Incentivar el consumo

Fraccionar el pago hace que compres con más facilidad.

Ejemplo:

"1.500 €" suena caro. Pero "50 € al mes durante 30 meses" suena razonable... aunque acabes pagando más.

3. Te sacan del presupuesto sin darte cuenta

Por 5 € más al mes, te llevas el último modelo. ¿Te suena?

4. Riesgo de acumulación

50 € al mes parecen asumibles.

¿Pero qué pasa cuando tienes 4 cuotas de 50 € cada mes? Empieza a complicarse todo.

Consejo personal:

Yo he usado este tipo de financiación. Pero, sinceramente, me he acabado desesperando porque tardo mucho en terminar de pagar.

Hoy me hago una única pregunta antes de comprar algo caro:

¿Puedo permitirme pagar 1.500 € al contado?

- Si la respuesta es sí, lo compro.
- Si la respuesta es no, no lo compro.

Solo si se trata de un imprevisto real, puede tener sentido usar esta financiación.

5.7 Alquiler vs compra de la vivienda

¿Floren, qué hace este apartado aquí? ¿No estábamos hablando de deudas?

Correcto, estamos hablando de deudas. Y justo delante de nosotros/as tenemos dos posibles formas de afrontarlas: por un lado, el alquiler, que será una "deuda mensual" casi inevitable en algún momento de nuestra vida, y por otro, la compra de una casa, garaje, local, etc., que implica una deuda a largo plazo.

¡Pero yo nunca he alquilado una casa!

Puede ser, pero seguro que has alquilado una habitación de hotel. ¿Acaso no sirve para lo mismo?

Hay mucho debate sobre si es mejor comprar o alquilar, pero yo no voy a entrar en polémicas. Simplemente te voy a dar mi opinión personal, explicando las ventajas y desventajas de cada opción.

Ventajas de comprar una vivienda

1. Posibilidad de especular: comprar barato y vender más caro.

2. Facilidad para obtener crédito (los bancos prefieren hipotecas a préstamos personales).

3. Puedes hacer obras y reformas sin pedir permiso.

4. Puedes alquilarla si lo deseas.

5. No tienes que discutir con un propietario/a externo.

6. Puedes decorarla a tu gusto.

7. Si pagas la hipoteca, acabarás siendo el dueño/a de la vivienda.

Desventajas de comprar una vivienda

1. Riesgo de inestabilidad económica o laboral que impida seguir pagando.

2. Supone una deuda a largo plazo (generalmente 25-30 años).

3. Tiene gastos adicionales: notaría, registro, intereses, comisiones...

4. Debes pagar impuestos, seguros, reformas, comunidad, etc.

5. Si pagas una gran entrada, puedes quedar descapitalizado/a.

6. Hasta terminar de pagarla, el verdadero dueño es el banco.

7. Riesgo de desahucio si no puedes pagar, lo cual además genera deuda con la entidad bancaria.

Ventajas del alquiler

1. Con el mismo presupuesto puedes vivir en una zona más céntrica, más grande o mejor equipada.

2. Menos gestiones y papeleo comparado con una compra.

3. No necesitas tanto ahorro inicial.

4. No hay gastos imprevistos: pagas solo la cuota mensual.

5. Si te equivocas, puedes cambiar de casa fácilmente.

6. Dispones de liquidez: puedes invertir el dinero que habrías destinado a la entrada de la vivienda.

7. En caso de impago, generas una deuda con el propietario/a, que suele ser más fácil de negociar que con un banco.

Desventajas del alquiler

1. Puede haber problemas con el propietario/a.

2. Necesitas su permiso para pintar, reformar o cambiar cosas.

3. Riesgo de que no te renueven el contrato.

4. Posible subida del alquiler cada año, según el I.P.C.

5. Nunca serás el dueño/a de la vivienda.

5.8 ¿Qué casa te puedes permitir?

Una vez que hemos visto todos los pros y contras, es posible que hayas decidido comprar una casa. En ese caso, ha llegado el momento de analizar qué vivienda te puedes permitir, ya que en la mayoría de los casos será necesario financiarla.

Los expertos/as en finanzas suelen dar dos consejos básicos para no cometer errores importantes:

1. Los préstamos hipotecarios deberían ser a un máximo de 12 años.

¿Por qué? Porque es la única forma de pagar unos intereses razonables. No obstante, es evidente que cuanto mayor sea la entrada que entregues, mejor vivienda podrás permitirte.

2. **No deberías destinar más del 35% de tu sueldo a la hipoteca.**

¡Ojo! Este 35% es del total conjunto, no un 35% cada miembro de la pareja. Tenlo en cuenta.

¿Qué ocurriría si te divorcias en plena crisis?

¿Y si uno de los dos se queda sin trabajo?

¿Vas a asumir una deuda que representa el 70% de vuestro sueldo conjunto?

Reflexiona bien antes de asumir ese compromiso.

Personalmente, pienso que cuando se compra una casa con hipoteca, no estamos hablando de inversión, aunque mucha gente lo crea. Considero que podemos hablar de inversión únicamente cuando no se pagan intereses por la compra.

¿Y si alquilamos con opción a compra?

Creo que la mejor opción es el alquiler con derecho a compra, y te voy a explicar mis motivos:

1. Puedes negociar las condiciones: entrada inicial, cuotas mensuales, etc.

2. El propietario/a financia la compra, evitando así pagar intereses bancarios.

3. Durante el periodo de alquiler, disfrutas de todas las ventajas de vivir de alquiler.

4. Si cambias de opinión, solo perderás el dinero entregado, pero no generarás una deuda con el banco.

Sinceramente, yo lo tengo claro, para mí es la mejor opción si no tienes una estabilidad económica asegurada.

Quiero acabar este punto aclarando que hemos hablado de la compra de la vivienda habitual, pero más adelante hablaremos sobre la inversión inmobiliaria, que es algo muy distinto y requiere otro enfoque.

¿Pero a mí me gustaría vivir en una casa con jardín y piscina?

Perfecto, a mí también.

Y tiene una solución muy sencilla: cuando te apetezca, alquílala por un mes durante las vacaciones.

Es mucho más económico que comprarla.

Haz lo que te haga ilusión, sí, pero sin complicarte la vida.

5.9 Neuromarketing: el enemigo invisible

Os presento a uno de nuestros grandes enemigos, cuyo objetivo es generar en nosotros una necesidad constante de consumir y endeudarnos.

Recuerdo que no hace mucho vi en televisión un anuncio de Land Rover que venía a decir, básicamente:

"Sin este coche no serás feliz".

Y me pareció realmente curioso: se estaba asociando un coche con la felicidad.

¿Y quién está detrás de todo esto?

Correcto: el neuromarketing.

¿Qué es el neuromarketing?

En resumen:

"Es una ciencia que estudia cómo se comporta el cerebro en un proceso de compra".

Muchas empresas han descubierto que la clave para vender más está en llegar a los sentimientos del consumidor. Es decir, conectar a través de valores y emociones. Y esto es lo que se llama marketing emocional, del cual el neuromarketing es una evolución más sofisticada.

¿Qué analiza el neuromarketing?

Esta ciencia se centra en tres aspectos:

1. La atención.
2. La emoción.
3. La memoria.

Un profesional del marketing tratará de captar tu atención, generar una emoción y, justo en ese momento de vulnerabilidad emocional, mostrarte el producto, para que tu mente lo recuerde y lo desee.

¿Compramos con la razón o con las emociones?

La respuesta es clara: muchas veces compramos por impulso emocional, incluso aunque no necesitemos ese producto.

Tipos de neuromarketing

• Visual: lo que entra por los ojos.

Ejemplo: precios acabados en 0,99€ o 9,99€ para que parezcan más baratos.

• Auditivo: lo que escuchamos.

Ejemplo: música específica según el tipo de tienda. En tiendas de moda joven, suele haber música electrónica o comercial para incitar al consumo rápido.

• Kinestésico: lo que sentimos, olemos, saboreamos.

Ejemplo: tiendas con olores característicos o productos dispuestos para tocar.

También se utilizan recursos como la colocación de productos, iluminación específica, pasillos amplios, y ofertas visibles al entrar. Nada es casual.

Reflexión final

Solo quiero que reflexiones. No pretendo que dejes de comprar ni que desconfíes de todo, pero sí que seas consciente de la manipulación constante a la que estamos sometidos.

“Si no controlas tus emociones al comprar, alguien más las controlará por ti”.

Capítulo 6: EL AHORRO

6.1 La importancia de pagarnos a nosotros mismos

A estas alturas del libro estoy seguro de que ya tienes la información suficiente como para poder ahorrar, pero es probable que te estés preguntando:

¿Cómo puedo conseguirlo todos los meses?

Es una muy buena pregunta, porque la constancia es clave. Te voy a dar un consejo:

¡Págate a ti primero!

Sí, has leído bien. No podemos esperar a ver cuánto dinero nos sobra a final de mes, porque posiblemente no nos sobrará nada. Recuerda que tendemos a adaptar nuestros gastos a nuestros ingresos. Por eso, te aconsejo que, en cuanto cobres a principios de mes, destines una cantidad fija a pagarte a ti mismo.

Además, lo mejor es que lo hagas mediante una transferencia bancaria automática.

¿Por qué automática?

Porque si tienes la opción de pensártelo, es muy probable que algún mes uses ese dinero para otra cosa. Tienes que tener claro que ese dinero destinado al ahorro es como si no lo hubieras ganado.

Al principio te costará adaptarte, más que nada por una cuestión psicológica, pero en un par de meses te habrás olvidado de él.

Estamos acostumbrados a pagar todos los meses a los bancos un porcentaje de nuestro sueldo, pero nos parece extraño pagarnos a nosotros mismos. Te lo aseguro por experiencia propia.

¿Para qué quiero ahorrar?

Hay muchas razones, pero para mí, las más importantes son:

1. Tener un colchón de seguridad. Este es el motivo más importante, y le dedicaremos el siguiente apartado del libro.

2. Protegerte frente a la inflación. Con el paso de los años, tu dinero vale cada vez menos.

3. El incierto futuro de las pensiones en España. La mayoría de expertos coinciden en que en el futuro solo dispondremos de una pensión de subsistencia.

4. El futuro de nuestros hijos y nietos.

5. Estar preparados ante posibles imprevistos, como enfermedades, pérdida del trabajo, etc.

Existen muchos métodos de ahorro, pero personalmente me quedo con el método del ahorro fijo, que puede aplicarse de dos formas:

• Ahorro fijo como monto: Ahorras una cantidad establecida. Ejemplo: 200 € al mes.

• Ahorro fijo como porcentaje: Ahorras un porcentaje de tus ingresos. Ejemplo: el 10 % de tu sueldo.

Para mí, la mejor opción es el ahorro fijo por porcentaje. De hecho, los expertos en educación financiera coinciden en que deberíamos ahorrar como mínimo un 10 % de nuestros ingresos mensuales.

No te imaginas la satisfacción que da ver cómo tus ahorros crecen todos los meses. Te garantizo que, si ese dinero lo dejas en tu cuenta corriente habitual, desaparecerá. Por eso es importante que el ahorro se realice en una cuenta distinta.

En mi caso, el porcentaje que destino al ahorro se transfiere automáticamente a una cuenta de MyInvestor, que además me proporciona una cuenta de valores. A través de esta última, acumulo participaciones de fondos indexados.

¿Pero qué estás diciendo? Me estoy perdiendo.

No te preocupes, cuando lleguemos al capítulo de inversión lo entenderás todo. Es muy sencillo.

Te lo resumo en una frase:

No es suficiente con ahorrar, hay que pasar a la acción e invertir el dinero.

¿Invertir? Pero si no tengo ni idea.

Tranquilo/a, te enseñaré a hacerlo de forma muy sencilla, pero no te impacientes. El libro avanza paso a paso.

"No es cuánto dinero ganas, sino cuánto dinero ahorras, cuánto trabaja para ti y para cuántas generaciones lo hará."

— Robert Kiyosaki

6.2 Colchón de seguridad

Ya hemos visto que ahorrar no es suficiente y que es necesario invertir el dinero. Sin embargo, no podremos invertir hasta que no tengamos creado un colchón de seguridad.

¿Qué es el colchón de seguridad?

Es una cantidad de dinero reservada exclusivamente para imprevistos.

Algunos expertos recomiendan tener el equivalente a 3 meses de sueldo, otros 6 meses, y los más conservadores, hasta 1 año. También hay quienes consideran que el colchón debe cubrir entre 3 y 12 meses de tus gastos fijos.

En mi caso, opto por 7 meses de mi sueldo.

La decisión depende de tu perfil. Si tu trabajo es inestable y no tienes otras fuentes de ingresos, te recomiendo ser más conservador. Si tu trabajo es estable, puedes permitirte un colchón algo menor.

Eso sí: no empieces a invertir hasta que tengas este colchón.

No es porque la inversión no sea segura, sino porque invertiremos a largo plazo, y ese dinero no debe ser necesario en el corto plazo.

¿Cómo crear tu colchón de seguridad?

1. Elimina primero todas las deudas que te generen intereses.

2. Empieza a destinar un mínimo del 10 % de tu sueldo para construir tu colchón.

3. Una vez lo hayas conseguido, podrás empezar a invertir con tranquilidad.

6.3 Coche nuevo vs. coche de segunda mano

¿Por qué hablar de coches ahora?

Muy sencillo. Después de la casa, el coche suele ser el segundo mayor gasto en la vida de una persona. Por eso, merece la pena reflexionar sobre su compra.

He pasado por ambas experiencias, y aunque ambas opciones tienen pros y contras, yo lo tengo claro: prefiero los coches de kilómetro 0.

Puedo entender perfectamente que te ilusione estrenar coche, y lo respeto, pero como estamos hablando de ahorro, me centraré en lo que considero mejor desde el punto de vista financiero.

Un coche es un pasivo, es decir, algo que saca dinero de tu bolsillo. Además, se desvaloriza con el tiempo. Según Autofácil.es, estos son los datos:

- Pierde el 20 % de su valor el primer año.
- A los 5 años vale el 50 %.
- Y a los 10 años, solo el 15 % del precio inicial.

¿Te imaginas que esto ocurriera con tu casa?

Por mi parte, sobran los argumentos.

Además del kilómetro 0, hay otras opciones interesantes: el renting y el leasing.

¿Qué es el renting?

Es un contrato de alquiler de vehículos por un tiempo determinado, pagando una cuota periódica fija. Incluye servicios como el seguro o el mantenimiento.

La propiedad sigue siendo de la empresa de renting.

¿Y el leasing?

Es un contrato de alquiler con opción a compra. Pagas una cuota de entrada y otras mensuales. Al finalizar el contrato puedes quedarte con el coche o devolverlo. Tú te encargas de todos los gastos asociados (matriculación, impuestos, averías...).

Mi orden de preferencia personal sería:

1. Coche kilómetro 0.
2. Renting.
3. Segunda mano o leasing (dependiendo del caso).

Consejo final: la regla del 20/4/10

1. 20 % de entrada mínima. Si no puedes pagar al menos un 20 % de entrada, ese coche no es para ti.

2. Financiación máxima a 4 años. Así evitarás pagar muchos intereses.

3. Gasto mensual del 10 % máximo de tus ingresos. Hay quien dice que este 10 % debe incluir todos los gastos relacionados con el coche.

De una forma u otra, es una referencia útil para tomar una buena decisión.

Capítulo 7: LOS BANCOS NO SON NUESTROS AMIGOS

7. Los bancos no son nuestros amigos

Casi todos, en algún momento, nos hemos visto con algo de dinero y hemos acudido al banco para que nos aconsejaran "nuestros amigos" de la oficina bancaria.

¿Qué ocurriría si fueras al carnicero a que te preparara una dieta?

Pues, evidentemente, te haría una dieta basada exclusivamente en carne, lo cual es lógico: es lo que vende.

¿Y si fueras al peluquero y le preguntaras si necesitas un corte de pelo?

Probablemente te diría que sí. Es su trabajo, y vive de eso.

Entonces, ¿qué pasa cuando vas al banco y preguntas qué producto de inversión te aconsejan?

Lógicamente, te ofrecerán el producto que más le conviene al banco, no necesariamente el que más te conviene a ti.

Es triste decirlo, pero yo mismo llegué a creer que el chico del banco era mi amigo. Con el tiempo me di cuenta de que, en realidad, era un comercial. Solo intentaba ganarse la vida, y estaba sometido a mucha presión. En la mayoría de los casos, ni siquiera sabía bien lo que estaba vendiendo; simplemente seguía órdenes. Hacía su trabajo, nada más.

7.1 El valor del dinero

El patrón oro fue un sistema monetario en el que el valor del dinero estaba respaldado por oro. Es decir, cada unidad monetaria tenía un valor fijo en oro, y el emisor de la moneda garantizaba que los billetes y monedas podían ser convertidos en esa cantidad de oro.

Esta equivalencia entre dinero y oro fue la base del sistema financiero internacional desde el siglo XIX.

Todo cambió el 22 de julio de 1944, en Bretton Woods (EE. UU.), durante la Conferencia Monetaria y Financiera de las Naciones Unidas. Allí se acordó adoptar el dólar estadounidense como moneda de referencia mundial.

El patrón oro se mantuvo en Estados Unidos hasta 1971, cuando fue abolido. Desde entonces, el valor del dólar (y de la mayoría de las monedas del mundo) ya no está respaldado por ningún bien tangible, sino únicamente por la confianza que se tenga en el gobierno emisor y en su economía.

Esto significa que, actualmente, **el dinero es solo papel. Su valor depende de la fe que tengamos en él.**

Un ejemplo extremo de lo que puede pasar lo tenemos en Venezuela. En el año 2019, mientras escribía esta parte del libro, se veía a niños jugando en la calle con montones de billetes que no valían absolutamente nada.

¿Es Venezuela un país inferior al nuestro?

¿Estamos seguros de que eso no nos puede pasar a nosotros?

El dinero puede ser cualquier cosa. Por ejemplo, en el Imperio Romano, la sal llegó a utilizarse como medio de pago, de ahí proviene la palabra "salario".

Por tanto, lo importante no es el dinero en sí, sino el valor que la sociedad le otorga.

7.2 Conociendo a los bancos

¿Sabías que tu gobierno puede impedirte disponer de tu propio dinero?

El 3 de diciembre de 2001, Argentina se enfrentó a un "corralito" financiero, ordenado por el entonces presidente Fernando de la Rúa.

Esta medida provocó la limitación de la libertad de los ciudadanos para disponer del dinero en efectivo depositado en los bancos, incluso prohibiendo las transferencias al extranjero.

¿El motivo? Una deuda de unos 100.000 millones de dólares generada por una política de sobreendeudamiento. Esto acabó en una falta de liquidez y una fuga masiva de capitales: solo en los once primeros meses de 2001 se retiraron 18.000 millones de dólares debido a la enorme desconfianza de los ciudadanos en la solidez del sistema bancario.

¿Pero esto ha ocurrido también en Europa?

Sí. En el año 2013, en el territorio griego de Chipre, hubo un "corralito bancario" desde el 16 hasta el 28 de marzo. Durante ese período se bloquearon los depósitos bancarios y se cerraron las oficinas para evitar un pánico financiero y una retirada masiva de fondos.

Todo esto fue consecuencia de la decisión de los ministros de economía de la UE de imponer un gravamen a los depósitos bancarios como condición para conceder una ayuda de 10.000 millones de euros, con el objetivo de evitar la bancarrota del país.

Desgraciadamente, los depositantes sufrieron pérdidas, incluso aquellos que tenían cantidades inferiores a los 100.000 €, teóricamente protegidas por los Fondos de Garantía de Depósitos Nacionales.

- Se aplicó una quita del 6,75 % para los depósitos inferiores a 100.000 €.
- Y una quita del 9,9 % para los depósitos superiores a esa cantidad.

¿Qué es una quita?

Una quita es, básicamente, la reducción del dinero que se debe.

Cuando un deudor no puede pagar el total de una deuda, se puede negociar que se le condone una parte de ella.

En este caso concreto, se dio la situación inversa: el banco era el deudor y tú el acreedor, ya que el banco no tenía el dinero que tú habías depositado y no podía devolvértelo.

Recomendación personal:

Nunca tengas más de 100.000 € de liquidez en el mismo banco.

Personalmente, yo no lo haría, porque no le encuentro sentido tener tanto dinero en efectivo sin mover. Pero si decides hacerlo, reparte ese dinero en diferentes entidades bancarias.

¿Sabías que, si todos/as intentáramos sacar nuestro dinero a la vez, provocaríamos un colapso financiero?

Te lo voy a explicar.

Los bancos prestan nueve veces más dinero del que tienen en sus cámaras, gracias al sistema llamado reserva fraccionaria.

Ejemplo:

• Un cliente ingresa 10.000 € en su banco.

• El banco se queda con 1.000 € (el 10 %) y presta los 9.000 € restantes a otro usuario.

Ese segundo usuario deposita sus 9.000 € en otro banco (o en el mismo), y de nuevo:

• El banco retiene 900 €.

• Presta 8.100 € a otro cliente.

Y este proceso se repite una y otra vez.

Es un negocio redondo para el banco. Y si además cobra intereses por el dinero que te ha prestado… ¡aún mejor para ellos!

¿Entiendes ahora el problema que habría si todos/as nos pusiéramos nerviosos/as y quisiéramos sacar nuestro dinero al mismo tiempo?

Sencillamente, colapsaría el sistema.

7.3 Crisis del año 2008

Aunque puedo hablar especialmente de lo que ocurrió en España, lo cierto es que Estados Unidos (la economía más poderosa del planeta) vivió lo mismo, o incluso peor.

Ejemplo de lo que ocurrió en 2008:

1. Los bancos lanzan el "sedal":

Ofrecen préstamos sin parar, suavizando condiciones y aprobando créditos con facilidad.

2. La gente compra sin freno:

Casas grandes, terrenos, coches... Las empresas crecen, se crea empleo y hay mucho dinero en circulación. Todos se acostumbran a vivir bien y el optimismo se dispara.

3. Empieza la segunda parte del plan:

o Los bancos cortan el grifo del crédito.

o Suben los intereses.

o Endurecen los requisitos para prestar dinero.

Esto provoca una caída del consumo, las empresas empiezan a tener dificultades, y muchas personas pierden sus empleos o ven reducidos sus ingresos.

El resultado: impagos de préstamos, embargos y ejecuciones hipotecarias.

Y aquí viene lo más indignante:

Los bancos se quedan con lo que realmente existe: casas, terrenos, coches...

¿Lo más grave? Lo han conseguido con un dinero que nunca ha existido, solo escribiendo números en una pantalla.

A pesar de todo esto, los gobiernos decidieron rescatar a los bancos con dinero público.

Sí, con nuestro dinero.

Podríamos hablar también de:

- Bonos preferentes.
- Cláusulas suelo.
- Índice IRPH.

Todo esto se repite una y otra vez, y por desgracia, nuestra falta de educación financiera hace que no aprendamos de los errores.

¿Sabías que en los países con más cultura financiera la gente consulta con un abogado/a antes de firmar algo con el banco?

Por suerte, los tribunales europeos han empezado a proteger más a los ciudadanos/as. Un ejemplo es el fallo a favor de los afectados por las cláusulas suelo.

No obstante, España sigue siendo "especial".

En 2019, un gobierno de centro-izquierda —que se supone que defiende al ciudadano/a— envió abogados a Europa para defender a los bancos en el caso del IRPH.

Y, sinceramente, creo que un gobierno de derechas habría actuado igual.

A día de hoy, me considero apolítico.

Todos los partidos buscan sus propios intereses.

7.4 El síndrome de Estocolmo bancario

En la actualidad, muchos medios anuncian los fondos garantizados que ofrece la banca tradicional, vendiéndolos como "productos estrella".

Pero la realidad es que muchos de estos fondos ofrecen rentabilidades inferiores a la inflación.

Se lanzan para evitar la fuga de clientes hacia los gestores automatizados de fondos indexados de bajo coste, como:

- MyInvestor
- Indexa Capital
- Finizens
- InbestMe
- Finanbest

Aun así, los fondos garantizados de la banca captan miles de millones rápidamente.

¿Por qué sucede esto, si ofrecen tan poca rentabilidad?

1. Marca del banco

La banca tradicional está muy arraigada en España. Muchos siguen confiando en “el banco de toda la vida”.

2. Buenos comerciales

¿Quién no ha oído frases como estas?

o “No te fíes de la banca online.”

o “Todo es por Internet, sin oficinas físicas.”

o “Desconfía de esos gestores automatizados.”

Aunque los bancos saben perfectamente que estas entidades están reguladas por la CNMV y protegidas por FOGAIN, nunca lo mencionan, porque no les interesa que lo sepas.

3. Falta de educación financiera

España sigue a la cola.

Somos un país muy conservador en ahorro e inversión, y recibimos mala información por parte de la banca.

¿Sabías que muchos fondos garantizados tienen comisiones tan altas que la rentabilidad real es negativa?

Ejemplo:

El fondo Santander Cumbre 2024 captó más de 500 millones de euros en solo dos meses (2019).

Ofrece una rentabilidad máxima del 0,50 %, con comisiones del 0,40 %.

Es decir, puede que te cueste dinero tener tu dinero parado. Y si decides retirarlo antes del vencimiento, podrías no recuperar ni el capital aportado.

Mi opinión personal

No recomiendo ningún producto de inversión de bancos o aseguradoras si tu objetivo es vencer a la inflación y rentabilizar tus ahorros.

Prefiero claramente los fondos indexados a través de gestores automatizados.

Los estudios demuestran que más del 50 % del ahorro de los españoles/as está en depósitos, que ofrecen intereses ridículos.

Dato clave:

Un estudio sobre el rendimiento de la gestión activa vs. la indexada (2006-2015) mostró que los fondos indexados ofrecieron una rentabilidad media del 4,84 % anual. Y esto, con un perfil de riesgo medio, sin asumir grandes sobresaltos.

¿Floren, pero tan fácil es? ¿Y si me equivoco eligiendo fondo?

No te preocupes. Vamos a comprar literalmente una pequeña parte del mundo.

¿Puedo perder todo mi dinero?

Sí, si hay una invasión extraterrestre o el planeta desaparece. Pero en ese caso, dudo que necesites tus ahorros...

¿Y si compro en mal momento?

Yo aplico el método Dollar Cost Averaging: compro cada mes independientemente del precio.

A veces caro, otras barato, y otras a un precio intermedio. Pero lo más importante: duermo tranquilo/a todas las noches.

No te preocupes, más adelante te lo explicaré todo paso a paso.

Me encantaría darte toda la información de golpe, pero necesito encajar las piezas del puzzle poco a poco.

Capítulo 8: LA INSOSTENIBILIDAD DEL SISTEMA DE PENSIONES

8.1 Situación actual del sistema de pensiones de la Seguridad Social

Las pensiones de la Seguridad Social, lamentablemente, se asemejan bastante a una estafa piramidal.

Evidentemente, no estoy diciendo que nos estén estafando, simplemente expreso que, desde mi punto de vista, no es la mejor forma de organizar un sistema de pensiones.

Actualmente, el dinero que aportan los nuevos cotizantes se utiliza para pagar a los jubilados/as, y si en algún momento no entra suficiente gente nueva en el sistema, no habrá dinero para pagar a quienes ya se han retirado.

Esto ocurre porque el dinero que en su día aportaron los trabajadores/as no está invertido en nada.

Simplemente se usó para pagar las pensiones del momento.

Por tanto, si a esto le sumamos que la pirámide generacional se está invirtiendo, tenemos un problema muy serio.

Primeros síntomas del colapso

Ya están apareciendo señales claras de que el sistema actual no es sostenible:

- Se retrasa cada vez más la edad de jubilación.
- Se endurecen progresivamente los requisitos para poder cobrar una pensión.
- El Fondo de Reserva de las Pensiones se está agotando.

Por ejemplo, el 1 de diciembre de 2017 apenas quedaban 8.095 millones de euros.

¿Existe una alternativa mejor?

Por suerte, los planes de pensiones privados, ya sean contratados en un banco o a través de una gestora independiente, funcionan de manera diferente:

- El dinero aportado está a nombre del cliente.
- Además, se invierte en lo que el cliente elige: bonos, acciones, fondos, etc.

¿Qué sistema usa actualmente el Estado?

El modelo que seguimos se llama sistema de reparto:

Los que trabajan hoy pagan las pensiones de los jubilados de hoy.

Sin embargo, creo firmemente que el Estado debería plantearse una transición hacia un sistema de capitalización, donde cada persona construya su propia pensión con sus aportaciones, como ocurre con los planes privados.

En mi opinión, es la única forma de evitar una quiebra total del sistema público de pensiones.

8.2 Conociendo otros países

No pensemos que solo España tiene problemas con su sistema de pensiones. En Japón, por ejemplo, el gobierno ya está proponiendo retrasar la edad de jubilación a los 70-75 años para poder seguir pagando las pensiones. Así que, para algunos escritores e inversores, como Gregorio Hernández Jiménez:

"Esta es la consecuencia de haber creído que se podía vivir de una estafa piramidal".

El ejemplo de Noruega: el Fondo Soberano

A pesar de todo, hay países que están haciendo las cosas muy bien, y uno de los mejores ejemplos es Noruega, con su famoso Fondo Soberano de Pensiones.

Este fondo ha pasado de 320.000 millones de euros en 2011 a 828.000 millones de euros en 2018, convirtiéndose en el mayor fondo soberano del mundo.

Mientras tanto, el Fondo de Reserva de las Pensiones Españolas ha pasado de 66.815 millones de euros en 2011 a tan solo 8.095 millones en 2017.

En resumen:

- Noruega multiplicó su patrimonio por 2,6 en ese periodo.
- España redujo su fondo un 88%.

¿Cómo se explican estas diferencias?

La respuesta es sencilla: el fondo noruego invierte el dinero.

• 60% en bolsa (sí, en bolsa).

• Hasta un 7% en el mercado inmobiliario.

• El resto, en bonos de deuda.

Además, posee acciones en 9.158 empresas de 73 países, lo que representa aproximadamente el 1,4% de la capitalización bursátil mundial.

Incluso tiene inversiones en 85 compañías de la bolsa española.

Desde el 1 de enero de 1998 hasta el 31 de marzo de 2019, el fondo ha obtenido una rentabilidad real del 3,9% anual. Nada mal.

¿Y si España hiciera lo mismo?

Imagina si España invirtiera el dinero de las pensiones en acciones y bonos.

¿Qué crees que pasaría?

Probablemente, se hablaría de escándalo, de que los políticos están jugando con nuestro dinero en el casino.

Pero esto solo ocurre porque vivimos en un país sin cultura financiera.

Las cifras hablan por sí solas

• España, con 46 millones de habitantes (2018), dispone de 8.095 millones de euros.

• Noruega, con 5,2 millones de habitantes, dispone de 828.000 millones.

Cierto es que Noruega cuenta con una ventaja importante: los ingresos del petróleo, al ser uno de los mayores productores del mundo.

Pero aun así, no deja de sorprender que, en España, ni siquiera se contemple invertir de forma eficiente el dinero de las pensiones.

Una última reflexión

¿España no puede invertir el dinero de las pensiones?

¿Son más listos los noruegos/as que los españoles/as?

Yo no lo creo. Simplemente, ellos están mejor educados financieramente, y nosotros aún tenemos mucho camino por recorrer.

8.3 Alternativas al actual sistema de pensiones

Tras leer a muchos expertos y expertas, estoy convencido de que el sistema de pensiones no desaparecerá, aunque también creo que las condiciones para acceder a una pensión se irán endureciendo cada vez más.

Desde mi punto de vista, las pensiones públicas acabarán siendo pensiones de pura subsistencia, por lo que será imprescindible contar con una fuente de ingresos adicional.

Y, en mi opinión, algunas de las mejores opciones para complementar nuestra jubilación son las siguientes:

- Comprar acciones en bolsa de forma directa.
- Planes de pensiones.
- ETFs (fondos cotizados).
- Fondos de inversión de diferentes tipos.
- Cursos online.
- Regalías de libros.
- Rentas por alquiler de viviendas, locales, etc.
- Inversión en terrenos rústicos (almendros, viñedos, etc.).

Explicaré estas opciones con más detalle en el capítulo de inversión. De momento, me centraré únicamente en los planes de pensiones, ya que es el momento oportuno para hacerlo.

8.4 Planes de pensiones indexados

Podemos definir un plan de pensiones como:

"Un producto de ahorro destinado a complementar la pensión pública."

Personalmente, no me gustan los planes de pensiones tradicionales de los bancos, y principalmente por dos motivos:

1. Altas comisiones.
2. Baja rentabilidad.

Sin embargo, en la actualidad han surgido planes de pensiones indexados, que se pueden contratar a través de gestoras independientes como:

- Indexa Capital
- Finizens
- InbestMe
- Caser
- Selfbank
- MyInvestor

Sinceramente, no es mi producto de inversión favorito, pero sí lo considero útil cuando tus ingresos anuales superan los 35.000 € brutos, ya que permite reducir la carga fiscal en la declaración de la Renta.

Ventajas

• El dinero que inviertes se puede desgravar en la declaración de la Renta, hasta un máximo de 8.000 € anuales o el 30% de los rendimientos netos del trabajo.

• Bajas comisiones, siempre por debajo del 1%.

• Traspasos gratuitos entre planes, sin coste fiscal.

• Se puede empezar a invertir desde cantidades muy pequeñas (entre 5 € y 50 €, según la gestora).

• Alta diversificación, ya que literalmente estás comprando una pequeña parte del mundo.

Inconvenientes

1. Falta de liquidez

Este es el mayor inconveniente para mí, ya que no podrás disponer de tu dinero libremente. Solo podrás rescatarlo en los siguientes casos:

• Jubilación.

• Tras haber pasado 10 años desde la aportación (válido para aportaciones desde 2015).

• Paro de larga duración.

• Enfermedad grave.

• Invalidez laboral.

• Fallecimiento (lo cobran los herederos/as).

2. Rentabilidad histórica decepcionante

Durante años, los planes de pensiones tradicionales han ofrecido rentabilidades muy bajas, debido a:

• Altas comisiones.

• Poca exposición a renta variable (bolsa).

• Mala gestión de las inversiones.

3. Tributación como rendimiento del trabajo

Todo el dinero que rescates de tu plan de pensiones tributa como si fuera un sueldo, lo que puede hacer que pagues muchos impuestos si retiras grandes cantidades de golpe.

Por eso, lo más aconsejable es rescatarlo poco a poco para no saltar a tramos fiscales más altos. Profundizaremos en este tema en el capítulo dedicado a la jubilación.

Conclusión y recomendaciones

Si decides contratar un plan de pensiones indexado, puedes hacerlo a través de cualquiera de las gestoras y neobancos mencionados en este libro. Son opciones mucho más transparentes y eficientes que la banca tradicional.

Y si prefieres hacerlo de forma presencial, ING es una buena alternativa, ya que ofrece planes de pensiones indexados desde sus oficinas. Eso sí, ten en cuenta que sus comisiones son algo más elevadas.

Capítulo 9: LA ESCLAVITUD MODERNA

9.1 Introducción

"La mayoría de los españoles confían más en el Estado que en los mercados financieros. Confían más en el esfuerzo colectivo que en el individual. Confían más en los demás que en sí mismos. Es casi imposible sacar a mucha gente de esa fantasía, después de siglos de estatismo."

— @JesusEncinar

Tras estas palabras que invitan a la reflexión, es hora de entrar en materia.

9.2 Los partidos políticos y los medios de comunicación

En lo que respecta a los partidos políticos, desgraciadamente, solo piensan en los cuatro años que dura su legislatura. Sin embargo, deberían tomar decisiones con visión de largo plazo, dejando a un lado los colores políticos.

"La política es el camino para que hombres sin principios puedan dirigir a hombres sin memoria."

— Voltaire

Estoy convencido de que hay políticos muy válidos, posiblemente de distintas ideologías, porque como en cualquier otra profesión, hay personas competentes y otras que no lo son tanto.

En cuanto a los medios de comunicación tradicionales, sabemos que supuestamente están influenciados por el poder político. Además, nos bombardean cada día con noticias negativas que nos generan miedo y preocupación.

¿Es posible que sea una forma de controlar al "rebaño"?

¿Ocurren en nuestro país más noticias malas que buenas?

¿Venden más las malas noticias que las buenas?

Creo que no hace falta decir nada más. No estoy contando nada nuevo. Simplemente quiero hacerte reflexionar, y para ello, comparto la siguiente historia:

En una de sus reuniones, Stalin (dictador soviético, 1878-1953) pidió que le trajeran una gallina. La agarró con una mano y, con la otra, comenzó a desplumarla.

La gallina, desesperada por el dolor, intentaba escapar. Finalmente, Stalin logró quitarle todas las plumas.

Entonces les dijo a sus colaboradores:

"Ahora observen lo que va a suceder".

Puso la gallina en el suelo, se alejó unos pasos y sacó un puñado de trigo. La gallina, dolorida y sangrando, corrió tras él.

Stalin los miró y dijo:

"Así de fácil se gobierna a los estúpidos. ¿Veis cómo me persigue a pesar del dolor que le causé? Así son la mayoría de los pueblos: siguen votando a quienes les hacen daño, por una promesa vacía o un regalo pasajero."

9.3 ¿Sistema laboral o de esclavitud?

Desde el sistema académico hasta el laboral, se nos prepara para ser esclavos/as modernos/as.

- En el plano académico, las mejores oportunidades laborales se reservan para quienes han acumulado más títulos, demostrando ser esclavos/as obedientes y bien adaptados/as al sistema.
- En el plano social, somos esclavos/as del tiempo que dedicamos a producir y consumir.

Desde que nacemos, se nos moldea mentalmente para aceptar una vida de trabajo constante como algo normal.

Somos la única especie que paga por ocupar un espacio y que cree ser dueña de lo que ha conquistado.

El objetivo del sistema es claro: que trabajes tanto que no te quede energía para pensar. Porque si empiezas a pensar, podrías despertar y darte cuenta del modelo en el que vives.

Y si pierdes tu energía vital, el sistema te da opciones para que escapes: drogas, alcohol, prostitución...

Además, si cuestionas este modelo, el sistema ya ha previsto cómo mantenerte distraído:

- Con la industria del entretenimiento, que crea una falsa realidad.
- Con el deporte competitivo, haciéndote creer que los logros de "tu equipo" también son tuyos.

¿Te suena eso de "Pan y circo"?

Sí, viene de la antigua Roma, y sigue siendo igual de actual.

Eso sí, todo el entretenimiento lo pagas tú. Porque en este sistema, todo tiene un coste monetario, y si no tienes dinero, eres automáticamente excluido/a.

El espíritu queda relegado a un último plano.

Se valora lo que tienes, no lo que eres.

Quiero dejar algo claro: no podemos salir del sistema, pero sí podemos tomar conciencia de su funcionamiento.

Y esa es la clave: empezar a despertar.

9.4 Alternativas a la esclavitud laboral

Las alternativas a la esclavitud laboral son:

1. Vivir de un negocio propio.
2. Realizar un trabajo que te guste, percibiendo un salario.
3. Vivir de los ingresos pasivos.

De las tres opciones, la peor es tener un negocio propio, ya que será la que más tiempo te robe, aunque al menos serás tu propio jefe o jefa.

En cuanto a tener un trabajo por cuenta ajena que te guste, si consigues disfrutar con lo que haces, tendrás cierto grado de libertad.

Sin ninguna duda, la mejor opción es vivir de los ingresos pasivos, es decir, realizar un trabajo previo que luego te genere ingresos sin que tengas que seguir invirtiendo tiempo constantemente.

Algunos ejemplos:

- Vivir de los dividendos de acciones en bolsa.
- Vivir de los ingresos por alquileres.
- Vivir de las regalías que generan varios libros.
- Vivir de los beneficios de fondos indexados.
- Vivir de un curso online que hayas creado.

Si logras vivir sin necesidad de trabajar, estarás muy cerca de la libertad. No de una libertad absoluta, pero sí de la libertad financiera.

Porque, al fin y al cabo, el dinero sirve para comprar años de libertad: cuanto más dinero tengas, más años podrás vivir sin trabajar. Así de sencillo.

9.5 El esclavo/a moderno

La búsqueda de un mejor nivel de vida obliga al esclavo/a moderno a sacrificar su tiempo y su libertad, mientras que en el otro extremo hay personas directamente explotadas, trabajando por salarios mínimos.

A mayor consumo, mayor necesidad de trabajo en esta economía en constante crecimiento. Sin ninguna duda, es una rueda que no se detiene.

En ella se desperdicia tiempo, energía y potencial humano solo para mantener un sistema absurdo.

El esclavo/a moderno vive encarcelado entre sus necesidades y sus deudas, atrapado en un estado de sumisión constante. Ese niño o niña lleno/a de sueños e ilusiones va muriendo cada día que pasa en la esclavitud moderna.

Y encima, el esclavo/a moderno siente gratitud por tener un trabajo, en una sociedad con escasas oportunidades laborales.

— "¡Floren, pero el trabajo dignifica!"

— No, perdóname, esclaviza.

9.6 ¿Son tan diferentes los esclavos/as de la antigüedad de los modernos?

La esencia de la esclavitud consiste en trabajar y recibir órdenes a cambio de comida.

Hoy en día, millones de personas reciben un escaso salario por largas jornadas de trabajo y, con ese dinero, pagan la comida, la vivienda, la ropa y las deudas. Día tras día.

Veamos cómo es el día a día de mucha gente:

- Se levantan con prisas.
- Desayunan cualquier cosa.
- Dejan a sus hijos/as en el colegio, donde los preparan para encajar en este sistema (aunque, por suerte, cada vez hay más docentes que despiertan conciencias).
- En el trabajo, miran el reloj deseando que llegue el fin de semana.
- Y cuando llega el sueldo… se esfuma en los primeros días del mes.

Y aún así, dan gracias por tener algo que llevarse a la boca. Pues eso, esclavitud.

Las únicas diferencias con la esclavitud antigua son que ahora se tiene algo más de tiempo libre, cierta capacidad de decisión… y que no pueden venderte al mejor postor.

Ante todo, necesitas una actitud positiva y entender el sistema en el que vives. Porque es imposible salir completamente de él.

Y ten claro esto: no se sale de la cárcel en grupo, se sale de forma individual. No se te ocurra ir por ahí diciendo a los demás que son esclavos/as del sistema.

Recuerdo una frase que leí una vez en el colegio:
"No hay mayor cárcel que aquella en la que no se ven los barrotes."
Y cuánta razón tenía.

9.7 Minimalismo y libertad financiera

En resumen, todos/as somos esclavos/as de la deuda y del trabajo, y los dos antídotos más poderosos son:

- El minimalismo.
- Un trabajo que te permita tiempo libre.

En lo que respecta al dinero, existen dos formas de entenderlo:

1. Como una herramienta para comprar signos de estatus y proyectar éxito hacia los demás.
2. Como un medio para alcanzar la libertad financiera y tener control sobre tu tiempo.

Y lo más importante: solo puedes elegir uno de los dos caminos.
"No importa cómo vivas, el coche que conduzcas ni la ropa que uses. Cuanto más te estreses por las deudas, más difícil será enfocarte en tus metas. Cuanto más barato vivas, más grandes serán tus opciones."
— Mark Cuban

Capítulo 10: LA INVERSIÓN: LO MÍNIMO QUE DEBO SABER

10.1 La inflación

¿Qué es la inflación?

La inflación es el aumento del precio de bienes y servicios en un periodo de tiempo determinado.

Ejemplo:

Todos/as sabemos que una barra de pan era más barata hace 20 años.

Por tanto, la inflación es la pérdida de valor del dinero respecto a la cantidad de bienes o servicios que se pueden comprar con él.

También se la conoce como "el impuesto de los pobres".

¿Cómo se mide la inflación?

Se mide a través del I.P.C. (Índice de Precios al Consumo).

Este índice calcula el coste de una "cesta de la compra" con los bienes y servicios más representativos de un país: comida, transporte, peluquería, educación, etc.

Cabe destacar que cada elemento tiene un peso diferente dentro del índice. Por ejemplo, a la comida, las bebidas y el transporte se les da más importancia porque son consumos diarios para la mayoría de personas.

Un nivel de inflación del 2% anual se considera saludable.

De lo contrario, si los precios suben de forma descontrolada, se produce lo que se llama hiperinflación, lo que conlleva una grave devaluación de la moneda.

Ejemplos históricos de hiperinflación:

• Venezuela: donde los niños/as juegan con fajos de billetes que no valen nada.

• Alemania durante la Segunda Guerra Mundial: en la operación Bernhard, se imprimieron libras falsas con la intención de provocar hiperinflación en Reino Unido y así destrozar su economía.

¿Y si pasa lo contrario? ¿Qué es la deflación?

La deflación es la bajada generalizada de precios. Esto puede parecer bueno, pero no lo es.

¿Comprarías algo hoy si sabes que mañana será más barato?

Probablemente no. Esto provoca una caída en el consumo, lo cual puede hundir la economía.

En este caso, hay escasez de oferta monetaria, lo que hace que la moneda gane valor, pero a costa de una parálisis en la economía.

¿Quién controla la inflación?

Los bancos centrales de cada país (como el Banco Central Europeo en el caso de España).

¿Cómo lo hacen?

Regulando los tipos de interés, que es, básicamente, el precio del dinero.

Cuando los tipos suben, se encarece el crédito y se enfría la economía.

Cuando bajan, se estimula el consumo y la inversión.

¿Qué tiene que ver la inflación con la inversión?

Todo.

Como ya hemos dicho, lo normal es que la inflación aumente cada año un 2%.

Eso significa que, cada año, tu dinero vale un 2% menos.

Se calcula que, aproximadamente, cada 25 años el valor de tu dinero se reduce a la mitad.

Ejemplo:

Si dejas 30.000 € en el banco durante 25 años sin invertirlo, cuando vayas a usarlo, ese dinero solo tendrá el poder adquisitivo equivalente a 15.000 € de hoy.

En tu cuenta seguirá poniendo 30.000 €, pero podrás comprar la mitad de cosas.

Por este motivo, **ahorrar no es suficiente.**

Necesitamos que nuestro dinero crezca al menos un 2% al año, simplemente para no perder poder adquisitivo.

Pero no te preocupes: vamos a conseguirlo con relativa facilidad.

Eso sí, será a largo plazo… y paso a paso.

10.2 Escusas para no invertir.

Una vez más, vamos a encontrarnos con barreras mentales, y podemos resumirlas en las siguientes:

1. "Yo no invierto porque mira lo que le pasó a la gente... ¡Invirtió sin tener ni idea y acabó mal!"

Esta afirmación tiene parte de razón: si no sabes, no te metas.

Y si decides hacerlo, entonces debes aprender primero. Invertir sin formación es como conducir sin haber dado clases: tarde o temprano, te la vas a pegar.

2. "Yo ya tengo mi propia profesión, no tengo tiempo para estas cosas. Para eso ya está mi asesor/a del banco".

Siento decirte que, como mínimo, tienes dos profesiones:

- La tuya.
- Y la de gestionar tu propio dinero.

Tu asesor/a del banco no tiene tus mismos intereses.

Recuerda: él o ella trabaja para el banco, no para ti.

Así que te conviene aprender lo básico para poder tomar decisiones con criterio.

3. "Soy joven, quiero disfrutar de mi dinero ahora".

¡Claro que sí! Ser rico no es solo tener dinero, es poder disfrutarlo.

Y sin duda, cuando eres joven puedes disfrutar de muchas más cosas.

Por eso te animo a automatizar tu inversión y convertirla en una factura más, como el alquiler o el recibo de la luz.

De este modo, podrás disfrutar del resto de tu dinero con libertad y sin remordimientos.

Antes de automatizar tu inversión, tendrás que tomar una serie de decisiones clave:

- ¿Cuánto dinero vas a destinar cada mes a invertir?
- ¿Cuál será tu Asset Allocation?

(es decir, tu distribución entre renta fija y renta variable, y también tu distribución geográfica).

En mi caso personal, reduzco poco a poco mi exposición a la renta variable a medida que cumplo años.

Y en cuanto a la distribución geográfica, **me limito a comprar el mundo entero.**

Más adelante, cuando lleguemos al apartado sobre inversión en fondos indexados, te explicaré cómo hacerlo de forma sencilla y eficaz.

10.3 Activos y pasivos

¿Sabes cuál es una de las principales diferencias entre las personas ricas y las personas con problemas económicos?

Los ricos compran activos. Los pobres, pasivos.

¿Cómo podemos mejorar nuestra situación económica?

La respuesta es simple: invierte en todo lo que ponga dinero en tu bolsillo.

Robert Kiyosaki lo resume así:

- Activo: todo lo que pone dinero en tu bolsillo.
- Pasivo: todo lo que saca dinero de tu bolsillo.

Todo lo que compramos pertenece a uno de estos dos grupos.

Ejemplo:

Tu vivienda habitual es un pasivo si vives en ella y te genera gastos constantes.

Pero esa misma casa puede convertirse en un activo si la alquilas y obtienes más ingresos que gastos.

¿Cómo saber si tienes activos o solo pasivos?

Hazte esta pregunta:

Si perdieras tu trabajo hoy, ¿cuánto dinero te entraría cada mes sin hacer nada?

Si la respuesta es nada, entonces no tienes activos, porque solo los activos generan dinero de forma automática.

Obviamente, todos necesitamos algunos pasivos, como una casa donde vivir, pero el objetivo debe ser reducir los pasivos improductivos y aumentar los activos.

¿Cómo comprar pasivos utilizando activos?

Imagina que tienes 30.000 € ahorrados y quieres comprarte un coche nuevo.

Puedes ir directamente al concesionario... o puedes hacer lo siguiente:

1. Comprar una pequeña vivienda para alquilarla.
2. Supongamos que generas entre 200 € y 300 € mensuales de alquiler.
3. Con ese ingreso, pagas la cuota mensual del coche.

Resultado:

- En 10 años, tu coche se habrá depreciado considerablemente.
- Pero seguirás teniendo la vivienda, que seguirá generando ingresos.

Esto es pensar como los ricos: primero compran activos, y con los ingresos que generan pagan los pasivos (caprichos, estilo de vida, etc.).

¿En qué activos puedes invertir?

• Bonos de deuda pública (gobiernos) o privada (empresas sólidas).

• Acciones en bolsa (pueden generar en torno a 100 €/mes por cada 25.000 € invertidos).

• Fondos indexados.

• ETFs (fondos cotizados).

• Alquiler de locales, viviendas, garajes o vehículos.

• Negocios rentables (más ingresos que gastos).

• Infoproductos: libros, cursos online, podcasts monetizados, etc.

Ejemplos de pasivos

• Vivienda habitual (si no genera ingresos).

• Coche personal.

• Ropa.

• Productos electrónicos.

• Servicios contratados (plataformas de streaming, gimnasios, etc.).

Conclusión:

Si buscas estatus, compra pasivos.

Si buscas riqueza y libertad financiera, compra activos.

10.4 El interés compuesto

A menudo se dice que el indígena que vendió la isla de Manhattan en 1626 por 24 dólares fue engañado por el hombre blanco.

Sin embargo, en realidad podría haber sido una gran venta.

Si hubiese invertido esos 24 dólares al 6% de interés compuesto semestral, hoy esa cantidad tendría un valor de más de 100.000 millones de dólares.

Con ese dinero, sus descendientes podrían haber recomprado gran parte de Manhattan... ya completamente urbanizado.

¡Esta es la magia del interés compuesto!

Albert Einstein lo expresó así:

"El interés compuesto es el mayor descubrimiento matemático de todos los tiempos."

Y no fue el único en reconocer su poder.

Jeremy Siegel, autor del libro Stocks for the Long Run, calculó los rendimientos de distintos activos financieros desde 1800 hasta 2014.

¿El resultado? El poder del interés compuesto es sencillamente brutal.

Ejemplo real:

Un solo dólar invertido en acciones de EE. UU. en 1802 se habría convertido en 18 millones de dólares a finales de 2013.

Eso sí, si estás buscando una estrategia para hacerte rico rápidamente...

Este no es tu libro.

Para eso ya están los vendehúmos.

Porque si hay algo seguro, es que rápido solo puedes hacerte pobre.

Para hacerse rico, hay que hacerlo despacio.

Y cuanto antes empieces, mejor.

¿Qué es el interés compuesto?

Consiste simplemente en **reinvertir todas las ganancias que obtienes de tu inversión.**

Al principio el crecimiento es muy lento, como una pequeña bola de nieve.

Pero con el tiempo, esa bola se hace cada vez más grande y se convierte en un alud.

Conclusión:

El interés compuesto no es magia, es matemática.

Pero funciona como si lo fuera... si tienes paciencia.

10.5 Especulación en bolsa vs inversión a largo plazo

Antes de entrar en materia, vamos a definir ambos conceptos:

- Inversión: convertir tiempo en dinero.
- Especulación: intentar acertar el momento adecuado para comprar y vender.

El/la inversor/a pretende mantener sus acciones o bonos durante muchos años, confiando en que el tiempo jugará a su favor.

El/la especulador/a, en cambio, busca obtener beneficios rápidos aprovechando las subidas y bajadas del mercado.

Es un error muy común —y muy grave— confundir inversión con especulación, ya que son dos estrategias totalmente distintas.

Desde mi punto de vista, la inversión está al alcance de cualquier persona, mientras que la especulación solo es viable si te dedicas a ello de forma profesional.

El/la inversor/a se limita a tener paciencia, y deja que el paso del tiempo y el interés compuesto hagan su trabajo.

El/la especulador/a, en cambio, intenta predecir el futuro, es decir, ser más listo que los demás.

"Una de las cosas divertidas sobre el mercado de valores es que cada vez que una persona compra, otra vende, y ambos creen que son astutos."

— William Feather

Esta frase lo resume todo.

Por eso me gusta la indexación, es decir, invertir en fondos indexados. Porque no me creo más listo que nadie, y, por supuesto, no tengo una bola de cristal para adivinar lo que va a pasar.

Y para terminar, te dejo esta reflexión:

"Hay dos momentos en la vida de un hombre o una mujer en los que no debería especular: cuando no puede permitírselo y cuando puede permitírselo."

— Mark Twain

10.6 Psicología del inversor/a

El/la inversor/a tiende a comprar en momentos de euforia y vender en momentos de pánico.

Según Joel Greenblatt:

"Es una excelente manera de reducir el rendimiento de las inversiones a largo plazo".

Si vas a invertir a largo plazo, debes olvidarte de lo que ocurra en el mercado a corto plazo.

Las subidas y bajadas de la bolsa no deberían afectarte, porque si no tienes intención de vender, ¿qué más da que el mercado suba o baje?

Warren Buffett lo explica muy bien en uno de sus artículos, con este planteamiento tan sencillo como revelador:

Si piensas comer hamburguesas toda tu vida y no crías ganado,

¿preferirías que el precio de la carne subiera o bajara?

Si vas a comprarte un coche de vez en cuando, pero no fabricas automóviles,

¿preferirías que los coches fueran más caros o más baratos?

Las respuestas son obvias.

Y ahora viene la pregunta final:

Si esperas ahorrar e invertir durante los próximos cinco años,

¿preferirías que la bolsa subiera o bajara en ese periodo?

Sorprendentemente, muchos inversores/as contestan mal.

Aunque van a seguir comprando durante años, se alegran cuando la bolsa sube y se deprimen cuando baja.

Es decir, celebran que suban los precios de las "hamburguesas".

No tiene ningún sentido.

Solo quienes piensan vender pronto deberían alegrarse de que el mercado suba.

En nuestro caso, vamos a comprar participaciones de fondos todos los meses, así que cuanto más baja esté la bolsa, mejor:

podremos comprar más participaciones por el mismo dinero.

Personalmente, intento mantener algo de liquidez para aprovechar oportunidades cuando hay caídas fuertes en el mercado.

Pero pase lo que pase, lo importante es seguir invirtiendo con constancia cada mes.

No te estoy diciendo que intentes adivinar cuándo caerá la bolsa, solo que cuando caiga, es buen momento para comprar más.

Para nosotros/as, una caída del mercado es como si llegaran las rebajas.

Sin embargo, debemos tener en cuenta un fenómeno psicológico que afecta a muchos inversores/as:

el sesgo de aversión a la pérdida.

Según los psicólogos Daniel Kahneman y Amos Tversky, una pérdida nos duele 2,5 veces más que el placer que sentimos por una ganancia equivalente.

Este hallazgo se presentó en su famoso estudio de 1981:

"La formulación de las decisiones y la psicología de la elección".

Conclusión:

El mayor enemigo del inversor no es el mercado... es su propia mente.

Por eso, debemos conocer estos sesgos y prepararnos para actuar con lógica y disciplina, aunque nuestras emociones nos digan lo contrario.

10.7 La gran mentira del trading y los gurús

—¿Tú juegas a eso de la bolsa?

—Bueno, no exactamente... pero dime.

—Tengo 6.500 €. ¿Dónde puedo meterlos para dejar de trabajar?

Este tipo de conversaciones reflejan perfectamente la visión errónea que muchas personas tienen sobre la bolsa y la inversión.

Parece que hay dos ideas muy extendidas:

- Que con capitales modestos se puede vivir del patrimonio propio sin esfuerzo.

- Que gestionar activos no es un trabajo real.

10.8 La gran mentira del trading y los gurús (continuación)

Este es un ejemplo claro de la gran mentira del trading y de las promesas que nos hacen los gurús, y, por supuesto, un reflejo de la falta de educación financiera de nuestro país.

¿Qué es el trading?

Consiste en comprar y vender acciones en un periodo muy corto de tiempo: minutos, horas o días. Rara vez una operación en trading supera la semana. Este es el concepto de bolsa que nos han vendido en las películas.

¿Quiénes son los gurús?

Se trata de supuestos expertos/as en trading u otros temas financieros que tienen un público muy amplio, porque dicen lo que la gente quiere oír. En este caso, afirman que vivir de la bolsa es fácil.

¿Floren, pero no se puede vivir de la bolsa?

Sería el sueño de mucha gente: ganar mucho dinero en poco tiempo, simplemente mirando cuatro gráficas en el ordenador.

Desde luego, **quien te diga que puedes vivir de la bolsa fácilmente te está engañando.**

En el mundo del trading se menciona una regla muy conocida: la 90-90-90, que dice que:

El 90% de la gente pierde el 90% de su dinero en solo 90 días.

¿Pero qué significa realmente "vivir de la bolsa"?

Existen dos caminos muy diferentes:

1. Vivir del trading, es decir, comprar y vender acciones a corto plazo.
2. Vivir de rentas, gracias a una gran inversión a largo plazo.

La primera opción no es apta para todos los públicos. De hecho, los únicos que suelen ganar dinero con este sistema son:

- Los brokers, que cobran comisiones cada vez que compras o vendes.
- Y los gurús, que ganan dinero vendiendo cursos y formaciones.

Es como en la fiebre del oro en el lejano oeste: muchos soñaban con hacerse ricos, pero quienes realmente ganaron dinero fueron los que vendían picos y palas a los buscadores de fortuna.

No digo que no haya buenos profesionales que vivan del trading. Los hay, y con capitales importantes. En España, destaco a David Galán, a quien considero el mejor en este campo. Pero repito: son profesionales, con experiencia, formación y mucha disciplina.

En cambio, si tu idea de "vivir de la bolsa" es alcanzar la independencia financiera y vivir de los ingresos que genera tu inversión a largo plazo, entonces sí es posible.

Por ejemplo:

- Por cada 25.000 € invertidos en acciones de bolsa, puedes llegar a obtener unos 100 € mensuales en dividendos.
- Por tanto, una persona con 500.000 € invertidos podría vivir de esos ingresos pasivos.

Floren, tú tienes tanto dinero invertido?

No. En mi caso, lo hago a través de fondos indexados, que también invierten en bolsa, pero de forma más diversificada y con menos comisiones.

Además, cuando inviertes mes a mes, los fondos indexados son mucho más prácticos.

¿Por qué?

- Porque invertir directamente en acciones exige cantidades más altas.
- Y porque cada compra o venta conlleva comisiones.
- Además, con poco dinero es casi imposible diversificar bien, y no conviene poner todos los huevos en la misma cesta.

Si algún día invirtiera en acciones, distribuiría mi capital entre al menos 10 empresas distintas.

¿Floren, y si solo puedo ahorrar muy poco al mes?

¡No hay excusa! Desde solo 50 € al mes puedes empezar a invertir. En este libro descubrirás cómo.

En conclusión, no tengo grandes cantidades de dinero. Simplemente ahorro todo lo que puedo cada mes y lo invierto a largo plazo, porque **está demostrado que la bolsa es el vehículo de inversión más rentable que existe a largo plazo.**

10.9 Diversificación en la inversión

Básicamente, diversificar significa no meter todos los huevos en la misma cesta.

Pero el problema es que no todo el mundo dispone del capital suficiente para diversificar adecuadamente. Y aquí es donde entran en juego los fondos de inversión.

Imagina que tienes 3.000 € para invertir y los utilizas para comprar acciones de una sola empresa.

Si esa empresa baja su cotización o, en el peor de los casos, quiebra, toda tu inversión sufrirá una pérdida parcial o total.

Entonces, ¿no será mejor dividir esos 3.000 € en muchas cestas?

De ese modo, las ganancias de unas inversiones compensarán las pérdidas de otras.

En mi caso lo tengo claro: dispongo de cantidades pequeñas de dinero y dependo totalmente de mi ahorro mensual.

Por eso, para mí, los fondos de inversión no son una opción, son una necesidad.

Además, son el producto que más diversificación me ofrece. Y si, además, buscamos bajas comisiones, es evidente que debemos centrarnos en fondos de inversión indexados.

Cabe destacar que plataformas como MyInvestor permiten invertir en los mejores fondos del mundo desde importes muy pequeños, lo cual los convierte en una excelente opción para la mayoría de personas.

10.10 La volatilidad en la bolsa

Es importante aclarar que, **mucha gente confunde volatilidad con riesgo**, y considero que esto es un error grave.

Podemos definir la volatilidad como:

"Las variaciones que se producen en los precios de las acciones respecto a su media".

Constantemente, los precios de las acciones suben y bajan. Pero como vamos a invertir a largo plazo (mínimo 10 años), estos movimientos a corto plazo son irrelevantes.

Lo único que debe importarnos es la rentabilidad a largo plazo.

Piénsalo así:

¿Si tienes una casa alquilada y no piensas venderla, te afecta que un día puedas venderla por más dinero y otro por menos?

Pues lo mismo ocurre con la inversión a largo plazo.

La bolsa tiene alta volatilidad porque el mercado a corto plazo es impredecible. Pero recuerda, eso no significa que sea un mal lugar donde invertir, solo significa que hay que tener paciencia y una visión a largo plazo.

Por este motivo, se la llama renta variable: porque el precio de las acciones varía mucho.

Y por eso, vender en momentos de pánico y comprar en momentos de euforia es la receta perfecta para perder dinero en bolsa.

La mejor forma de evitar estos errores es tener una estrategia fija. Te muestro dos muy conocidas:

- Buy and Hold: consiste en comprar acciones para mantenerlas indefinidamente, salvo excepciones muy concretas.
- Boglehead: invertir en fondos indexados de forma sencilla, diversificada y con bajas comisiones.

Como ya sabéis, mi estrategia favorita es la Boglehead, y es la que yo aplico. Así que, como diría John C. Bogle:

"Stay the course" — Mantente en el camino.

Esta frase nos recuerda que, en algún momento, tu cartera puede caer un 30% o incluso más, pero si mantienes la calma y no vendes, saldrás ganando en el largo plazo.

Y termino con una frase de Warren Buffett:

“A menos que puedas ver tus acciones caer un 50% sin que te cause un ataque de pánico, no deberías invertir en el mercado bursátil”.

10.11 Fondos activos vs fondos pasivos

Los fondos activos están gestionados por profesionales que intentan batir al mercado. Es decir, compran y venden acciones concretas con la intención de obtener una rentabilidad superior.

Básicamente, intentan adivinar qué acciones lo harán mejor en el futuro.

En cambio, los fondos pasivos simplemente replican un índice bursátil.

No intentan batir al mercado, sino igualar su rentabilidad.

No necesitan elegir qué acciones lo harán mejor o peor, compran todas las acciones del índice, sin más.

A continuación, te muestro algunos de los índices bursátiles más importantes:

- S&P 500: índice estadounidense compuesto por las 500 empresas más importantes de EE. UU. Es uno de los más representativos del estado real del mercado.
- MSCI World: incluye 1.655 empresas de 23 países desarrollados. Representa de forma amplia la economía global.
- EURO STOXX 50: agrupa las 50 compañías con mayor capitalización bursátil de 11 países de la zona euro.
- IBEX 35: principal índice de la bolsa española, formado por las 35 empresas más líquidas del país.

Por supuesto, existen muchos más, pero estos son los más representativos para quienes vivimos en España.

Cuando compras un fondo indexado a uno de estos índices, estás comprando todas las empresas que lo componen.

Ejemplo:

Si compras un fondo indexado al MSCI World, estarás invirtiendo en 1.655 empresas al mismo tiempo, tanto en las que suben como en las que bajan.

Y no pasa nada, porque el objetivo no es superar al mercado, sino igualarlo. Con el tiempo, el crecimiento del conjunto compensará las caídas puntuales.

Además, **los índices no pueden quebrar, ya que si una empresa desaparece del índice, será automáticamente sustituida por otra con mayor potencial.** Es un sistema que se autorregula.

Por el contrario, los fondos activos están dirigidos por profesionales que compran y venden acciones con base en sus análisis. Intentan anticiparse al mercado.

Esto implica que deben dedicar mucho tiempo y recursos, lo que se traduce en comisiones más altas.

En cambio, los fondos pasivos son gestionados por ordenadores a través de gestores automatizados o robo advisors, lo que permite reducir al mínimo los costes.

Comparación de comisiones:

• Fondos activos: comisiones normalmente por encima del 1%, y si son de un banco tradicional, pueden superar el 3%.

• Fondos pasivos: comisiones alrededor del 0,5%, o incluso por debajo.

Esta diferencia, aunque pueda parecer pequeña, afecta muchísimo a la rentabilidad a largo plazo.

De hecho, muchos informes señalan que, en los últimos 20 años, la gestión pasiva ha duplicado la rentabilidad media de los fondos activos.

Un dato relevante:

En España, solo el 2% del mercado está gestionado de forma pasiva, frente al 19% en Europa y al 33% en Estados Unidos, según el Primer Observatorio de Gestión Pasiva en España 2019 (Finizens).

Y según Morningstar, el 95% de los fondos activos han sido superados por la gestión pasiva en los últimos 20 años.

En EE. UU., el liderazgo está claramente en manos de fondos indexados y ETFs gestionados por Vanguard y BlackRock, las dos mayores gestoras del mundo.

¿Tienes un fondo activo que apenas da rentabilidad y cobra comisiones altas?

No te preocupes, puedes traspasarlo a otro fondo sin pagar impuestos. El traspaso entre fondos de inversión en España está exento de tributación.

Mi conclusión

Aunque existen fondos activos interesantes y con comisiones razonables —como Baelo Patrimonio, gestionado por Antonio Rico—, yo me quedo con los fondos indexados, especialmente los de la gestora Vanguard, fundada por Jack Bogle, creador del primer fondo indexado de la historia.

"No busques el fondo perfecto. Busca una estrategia simple, barata y que puedas mantener en el tiempo. Eso te hará ganar".

— Jack Bogle

10.12 ¿Cuándo es buen momento para empezar a invertir?

El mejor momento para empezar a invertir era ayer, pero como ya llegas tarde, el mejor momento es hoy.

A menos que tengas una bola de cristal, lo más inteligente es comenzar cuanto antes.

¿Invertir ya? ¿Para qué?

"Si apenas gano dinero, ya lo haré más adelante cuando gane más."

Este es uno de los errores más comunes. Te aseguro que me arrepiento de no haber empezado antes, pero sinceramente, no estaba preparado.

¿Por qué es tan importante empezar pronto?

Aquí van varios motivos de peso:

• El tiempo es limitado y no se recupera.

No te imaginas el impacto que puede tener el tiempo en tus finanzas. A mayor horizonte temporal, mayor poder tendrá el interés compuesto.

• El aprendizaje.

Invertir no es simplemente poner dinero en algo. Es crear una estrategia acorde a tu perfil y personalidad, y eso no se consigue en un día.

• Crear el hábito del ahorro.

Cuanto antes empieces, antes te acostumbrarás a ahorrar cada mes, y eso cambiará tu vida financiera.

• El interés compuesto.

Reinvertir tus ganancias a lo largo del tiempo es lo que genera crecimiento real. Cuantos más años des a tu inversión, más grande será la bola de nieve.

10.13 Secretos de la inversión

Ha llegado el momento de contarte los secretos de la inversión.

Pero siento decepcionarte... porque **el verdadero secreto es que no hay ningún secreto.**

Solo tienes que aplicar estos principios fundamentales:

- Sentido común: diversifica y piensa siempre en el largo plazo.
- Psicología: ten paciencia y disciplina.
- Aportaciones periódicas: invierte un porcentaje de tu salario nada más cobrar.
- Minimizar costes: reduce al máximo las comisiones e impuestos.

Al final de este libro serás capaz de aplicar todos estos aspectos y convertirte en un inversor o inversora eficaz, sin complicaciones innecesarias.

A continuación, te comparto los 8 pasos que debe seguir cualquier joven inversor/a. Y si no eres tan joven, no te preocupes: los pasos son exactamente los mismos, aunque, lamentablemente, dispondrás de menos tiempo para beneficiarte del interés compuesto.

Los 8 pasos del inversor inteligente

1. Invierte lo antes posible.
2. Invierte de forma regular.
3. Piensa en el largo plazo.
4. Diversifica.
5. Ten paciencia.
6. Ignora la volatilidad.
7. Ignora el ruido (noticias, rumores, opiniones sin fundamento).
8. Sé constante y disciplinado/a.

¿Cuál es la mejor forma de invertir?

Sin lugar a dudas: los fondos indexados, por las siguientes razones:

• Rentabilidad esperada: obtendrás la misma rentabilidad que el mercado (el índice de referencia).

• Bajas comisiones: rondan el 0,5%, muy inferiores a otros productos.

• Diversificación global: inviertes en miles de empresas de todo el mundo.

• Simplicidad: puedes invertir de forma automática y dedicarle muy poco tiempo.

• Ventajas fiscales: no pagas impuestos hasta que vendes, y solo tributas sobre la ganancia.

En resumen

Invertir en fondos indexados es como apostar siempre por el segundo clasificado en una carrera de 20 caballos, sabiendo que nunca ganarás el primer puesto, pero tampoco perderás.

Es una apuesta segura a largo plazo.

La inversión no es complicada. ¡Que no te engañen!

10.14 ¿Cómo detectar posibles estafas?

Empecemos hablando claro: **no existe ningún tipo de inversión que combine cero riesgo, alta rentabilidad y alta liquidez.**

Si te presentan un producto que supuestamente lo tiene todo, estás frente a una estafa, así de sencillo.

Antes de continuar, es importante que tengamos claros estos tres conceptos:

- Rentabilidad: beneficio que se obtiene de un activo en relación a su coste de adquisición.
- Riesgo: probabilidad de impago total o pérdida parcial del dinero invertido.
- Liquidez: capacidad de convertir un activo en dinero rápidamente y sin perder valor.

Relación entre rentabilidad, riesgo y liquidez

- Cuanto mayor sea el riesgo, mayor debe ser la rentabilidad que se exija.
- Cuanto menor sea la liquidez, más rentabilidad se debe pedir a cambio.
- Cuanta más liquidez tenga un activo, menor riesgo deberíamos asumir.

Como ves, es una relación lógica y muy sencilla.

En inversión no se puede tener todo, siempre habrá algún punto débil. Por eso, un producto que supuestamente lo tiene todo, es una trampa.

Consejo importante

Nunca contrates un producto de inversión que te ofrezcan directamente.

Nadie va a venir a tu casa a hacerte rico. Si alguien te ofrece una inversión "muy buena", lo más probable es que esté buscando su propio beneficio, no el tuyo.

Y para terminar, una reflexión clave:

"Si no lo puedes explicar con simplicidad, es que no lo entiendes bien.

Si no puedes explicar tu estrategia de inversión con simplicidad, es que no la entiendes bien.

Y si no entiendes bien tu estrategia de inversión, tus ahorros están en peligro".

— @AntonioRRico

10.15 La importancia de las comisiones

Warren Buffett, posiblemente el mejor inversor de todos los tiempos, compartió en su carta anual del año 2019 un dato muy revelador sobre el impacto de las comisiones en nuestras inversiones. En ella, mostró el efecto que puede tener una simple comisión del 1% anual sobre nuestros bolsillos a lo largo del tiempo.

También explicó qué habría pasado con sus primeros ahorros de 114,75 dólares, si los hubiera invertido en un fondo indexado al índice S&P 500 durante 77 años, sin tocarlos.

Resultados del estudio

Según sus cálculos, si hubiese invertido esos 114,75 $ en un fondo indexado al S&P 500 y los hubiese dejado crecer durante 77 años, el resultado habría sido de 606.811 $ a cierre de enero de 2019. Esto asumiendo una rentabilidad anualizada del 11,8%, que es la media histórica real del S&P 500 durante ese periodo.

Ahora bien, si añadimos una comisión del 1% anual, la rentabilidad se reduce a la mitad. El capital final pasaría a ser 303.405 $.

Como puedes ver, el impacto de una sola comisión del 1% anual a lo largo del tiempo es brutal.

Entonces, ¿no debemos pagar comisiones?

No se trata de no pagar comisiones, sino de minimizarlas. Warren Buffett no dice que no debamos pagar por invertir, sino que debemos buscar productos de inversión con comisiones lo más bajas posible.

De hecho, él mismo recomendó a su esposa que, tras su fallecimiento, no se complicara la vida y pusiera todo su dinero en fondos indexados de bajo coste.

Eso ya nos dice mucho.

10.16 La rentabilidad de la bolsa: conociendo el índice S&P 500

Como hemos mencionado anteriormente, el S&P 500 es uno de los índices bursátiles más importantes del mundo. Está compuesto por las 500 empresas más líquidas y representativas de Estados Unidos, lo que lo convierte en un excelente termómetro de la economía global.

Cuando el S&P 500 va bien, suele ser señal de que la economía mundial está en buena forma.

A continuación, te presento algunas estadísticas clave de este índice:

- Rentabilidad anualizada: 9,70%
- Baja 1 de cada 5 años
- Sube 4 de cada 5 años
- Peor año: 2008, con una caída del -37%
- Mejor año: 1995, con una subida del 37,60%
- Mejor año del siglo XXI: 2013, con una subida del 32,40%

Como puedes ver, a pesar de su volatilidad, la rentabilidad del S&P 500 a largo plazo es excelente. Esto confirma que la bolsa, aunque no está exenta de altibajos, es una de las mejores herramientas de inversión a largo plazo.

Nota: No se han incluido los datos del año 2020 porque, en el momento de escribir estas líneas, el año aún no ha finalizado.

10.17 ¿Por qué invertir en bolsa?

Te voy a dar dos razones fundamentales:

- Para comprar libertad financiera, tiempo y tranquilidad.

El dinero puede darte libertad: puede permitirte jubilarte antes, disfrutar de más tiempo para dedicarlo a lo que realmente te hace feliz y vivir con mayor tranquilidad.

Porque seamos sinceros: a nadie le gusta trabajar hasta los 65 años por obligación, y menos aún para recibir una pensión mínima.

- Para vencer a la inflación.

Si dejas tu dinero parado en una cuenta corriente o en cualquier producto que no te proporcione al menos un 2% de rentabilidad anual, estarás perdiendo poder adquisitivo.

Es decir, los ahorros de toda una vida cada vez valdrán menos.

A continuación, te mostraré lo que puedes llegar a conseguir invirtiendo en bolsa. Pero para lograrlo, es fundamental que sigas estos tres principios clave:

1. Piensa en el largo plazo.

Deja que el interés compuesto trabaje a tu favor.

2. Haz aportaciones periódicas.

Fija un porcentaje de tus ingresos mensuales y sé constante.

3. Aplica el sentido común.

No existen atajos, ni en la bolsa ni en la vida. Huye de las promesas de resultados rápidos.

Recuerda: la bolsa es un mecanismo casi perfecto donde el dinero pasa del impaciente al paciente.

Ahora sí, veamos un ejemplo realista de lo que podrías conseguir a distintos plazos y con diferentes cantidades, suponiendo una rentabilidad media anual del 7%.

	250€ /mes	500€ /mes	1000€ /mes
5 años	18.459,87€	36.919,74€	73.839,49€
10 años	44.350,80€	88.701,60€	177.403,19€
20 años	131.595,53€	263.191,06€	526.382,12€
30 años	303.219,12€	606.438,25€	1.212.876,50€

10.18 Invertir en fondos indexados: MyInvestor

¿Por qué no tengo una cartera con un 100% de renta variable?

No soy partidario de tener todas mis inversiones en acciones. Considero más prudente diversificar añadiendo bonos. A continuación, expongo tres razones por las que no invierto en una cartera compuesta únicamente por renta variable:

1. Evitar una excesiva volatilidad

La renta fija (bonos) reduce la volatilidad de la cartera. Cuando las acciones caen, una cartera que incluye bonos sufre caídas más moderadas. Aunque esto puede reducir ligeramente la rentabilidad, aporta estabilidad.

2. Experiencia previa en crisis bursátiles

Viví las caídas del mercado en 2020 y 2022. Conozco bien la teoría de los defensores del 100% en acciones: "Cuando llegue la crisis y tu cartera se desplome, mantén el rumbo". Suena bien sobre el papel, pero la práctica es muy distinta. Prefiero ser precavido e incluir bonos en mi cartera antes que asumir más riesgo del que puedo tolerar.

3. Preparación ante imprevistos

En caso de una emergencia personal o familiar, si me viera obligado a retirar el dinero en un momento de mercado bajista, podría sufrir una gran pérdida. La presencia de bonos en la cartera amortiguaría esas pérdidas.

¿Cómo saber cuánto invertir en renta variable?

En MyInvestor realizan un test para determinar tu perfil de riesgo. Personalmente, sigo una regla muy sencilla:

110 – tu edad = % de renta variable.

Por ejemplo, si tengo 37 años, lo recomendable sería tener alrededor de un 73% de mi cartera en renta variable.

¿Por qué reducir el riesgo según la edad?

Cuanto mayor me hago, menos tiempo tengo para recuperarme de una posible caída fuerte del mercado. Por eso, prefiero sacrificar un poco de rentabilidad a cambio de mayor tranquilidad, que consigo gracias a la renta fija en mi cartera.

¿Qué es un bono?

Un bono es un préstamo que un inversor le hace a una empresa o gobierno, a cambio de recibir intereses periódicos durante un plazo determinado. Está compuesto por:

- Principal: el valor nominal que te devolverán al vencimiento.
- Cupón: los intereses que cobras periódicamente.

• Fecha de vencimiento: el momento en el que te devuelven el principal.

Se llaman activos de renta fija porque ofrecen intereses estables y aportan equilibrio a una cartera.

¿Cómo comprar un pedacito del mundo?

Puedo invertir de forma diversificada a nivel global a través de un Robo Advisor, como el de MyInvestor. Esta plataforma me permite acceder fácilmente a diferentes mercados del mundo y mantener una cartera equilibrada con bajos costes.

Tipos de carteras indexadas en MyInvestor

MyInvestor ofrece cinco carteras perfiladas, adaptadas a distintos niveles de riesgo. Todas están compuestas por fondos indexados de grandes gestoras como Vanguard, Fidelity, iShares o NN, lo que garantiza calidad y diversificación.

1. Cartera Clásica

o Perfil: Conservador

o Distribución: 13% renta variable / 87% renta fija

o Ideal para quienes buscan minimizar riesgos y priorizan la estabilidad.

2. Cartera Pop

o Perfil: Moderado

o Distribución: 39% renta variable / 61% renta fija

o Buen equilibrio entre riesgo y rentabilidad.

3. Cartera Indie

o Perfil: Moderado-agresivo

o Distribución: 60% renta variable / 40% renta fija

o Recomendable para quienes asumen más riesgo buscando mayor crecimiento.

4. Cartera Rock
o Perfil: Agresivo
o Distribución: 78% renta variable / 22% renta fija
o Alta exposición a renta variable con una ligera protección.

5. Cartera Heavy Metal
o Perfil: Muy agresivo
o Distribución: 100% renta variable
o Máxima rentabilidad a largo plazo para quienes toleran alta volatilidad.

Características de las carteras indexadas de MyInvestor
• Test de perfil inversor para asignarte la cartera adecuada.
• Rebalanceos automáticos para mantener el perfil de riesgo.
• Comisiones muy bajas:
o Gestión: 0,15%
o Custodia: 0,15%
o Coste total: entre 0,41% y 0,45% anual, según la cartera.
• Inversión mínima: desde 150€ iniciales y aportaciones mensuales desde solo 1€.

Conclusión

Las carteras indexadas de MyInvestor son una herramienta sencilla, eficiente y automatizada para construir tu libertad financiera. Gracias a su diversificación, bajo coste y facilidad de uso, son una opción ideal tanto si estás empezando como si ya llevas tiempo invirtiendo.

¿Quieres llevarte 20€ gratis en MyInvestor al abrir tu cartera indexada?

Si es así, usa el siguiente código al darte de alta:

XDnCW

De este modo, **ambos recibiremos 20 € de recompensa.**

10.19 ¿Quieres hacerlo tú mismo?

Creación de una cartera de fondos indexados por cuenta propia

Si estás considerando gestionar tus inversiones de forma independiente, crear y administrar tu propia cartera de fondos indexados es una opción muy interesante. Este enfoque te proporciona control total sobre tus inversiones y te permite evitar las comisiones de gestión asociadas a los roboadvisors.

Cómo montar tu propia cartera paso a paso

1. Establecer tu perfil como inversor pasivo

Antes de invertir, es fundamental conocer tu perfil como inversor. Este dependerá de:

- Tu tolerancia al riesgo
- Tu horizonte temporal
- Tus conocimientos financieros
- Tu situación económica personal

Conocer estos factores te permitirá tomar decisiones más acertadas al configurar tu cartera.

Puedes utilizar herramientas gratuitas como el Fondutest de Rankia o los tests de perfil de riesgo de plataformas como MyInvestor o Indexa Capital.

2. Elegir la composición de la cartera: Asset Allocation

Aquí decides qué porcentaje destinarás a renta variable y renta fija, según tu perfil.

• Renta variable (acciones): mayor rentabilidad a largo plazo, pero con más volatilidad.

• Renta fija (bonos): menor riesgo y más estabilidad, pero con rentabilidad más baja.

Un ejemplo clásico es la cartera 60/40, con un 60% en renta variable y un 40% en renta fija. Puedes adaptar esa proporción según tu edad o perfil de riesgo.

3. Selección de fondos indexados

Una vez decidido tu Asset Allocation, toca elegir los fondos concretos. Busca fondos con:

• Buen historial

• Bajas comisiones (TER reducido)

• Diversificación global

Ejemplo de cartera básica 60/40:

• Renta variable:

Fidelity MSCI World Index Fund P Acc EUR

o ISIN: IE00BYX5NX33

o TER: 0,12%

• Renta fija:

Vanguard Global Bond Index Fund EUR Hedged Acc

o ISIN: IE00B18GC888

o TER: 0,15%

Estos fondos son solo ejemplos. Puedes personalizarlos según tu visión y necesidades.

4. Implementación y seguimiento

Tras seleccionar los fondos, realiza tu primera inversión siguiendo el porcentaje decidido. A partir de aquí:

- Automatiza tus aportaciones mensuales
- Revisa periódicamente el equilibrio de tu cartera
- Aplica rebalanceos (por ejemplo, una vez al año) para mantener tu estrategia intacta

El rebalanceo consiste en volver a los porcentajes originales vendiendo un poco del activo que ha crecido más y comprando del que ha crecido menos o ha bajado.

5. Monitoreo y evaluación

Sigue de cerca el rendimiento de tu cartera. Algunas herramientas útiles para esto son:

- Portfolio Visualizer (gratuita y potente)
- Morningstar
- O incluso una hoja de Excel personalizada

Lo importante no es mirar todos los días si has ganado o perdido dinero. Lo realmente importante es evaluar si estás cumpliendo tu estrategia a largo plazo y si sigue siendo adecuada para ti.

¿Merece la pena?

Crear y gestionar tu propia cartera indexada requiere algo de tiempo, conocimientos básicos y disciplina, pero ofrece varias ventajas:

- Comisiones más bajas que con gestores automatizados
- Control total sobre tu dinero
- Personalización completa de tu estrategia

- Mayor conciencia y educación financiera

10.20 Inversión en Baelo Patrimonio

¿Floren, y si no me convence ninguna de las dos opciones anteriores?

No te preocupes, te voy a dar una alternativa muy interesante: el fondo Baelo Patrimonio.

Este fondo tiene una filosofía clara y transparente, y puedes consultarla en su web.

¿Cómo está distribuida la cartera?

- 60% en renta variable (acciones)
- 40% en renta fija (bonos)

Renta variable

La parte de acciones está compuesta por una selección de las mejores empresas de Estados Unidos y Europa, incluyendo además 4 empresas españolas:

- Inditex
- Amadeus
- Naturgy
- Red Eléctrica

Estas empresas forman parte de los llamados "Aristócratas del dividendo", es decir, compañías que llevan muchos años repartiendo dividendos de forma estable y creciente.

La cartera también está muy bien diversificada por sectores e incluye inversiones en:

• REITs (Socimis en España), lo que implica exposición al sector inmobiliario

• Mineras de oro, para quienes quieren tener una pequeña exposición a este metal

Renta fija

• 30% en deuda pública alemana

• 10% en bonos de empresas sólidas y solventes

¿Es un fondo indexado?

No. Baelo Patrimonio es un fondo de gestión activa, pero a diferencia de muchos otros, tiene unas comisiones muy bajas y una filosofía cercana a la inversión indexada.

Comisiones del fondo:

• Comisión de gestión: 0,59% anual

• Comisión depositaria: 0,10% anual

Total anual: 0,69%

Rentabilidad histórica

Aunque la rentabilidad varía con el tiempo, aquí tienes algunos datos de referencia:

• Rentabilidad total desde el inicio: +16,31%

• Rentabilidad en 2018: +4,07%

• Rentabilidad en 2019: +11,63%

Puedes consultar los datos actualizados directamente en su web:

¿Dónde puedo contratar Baelo Patrimonio?

Estos son los comercializadores autorizados:

- MyInvestor (mi recomendación personal)
- AndBank
- Mapfre
- Banca March
- Inversis
- El Corte Inglés Ahorro & Inversión

Recomendación:

La forma más cómoda es a través de MyInvestor, ya que:

- Es 100% online
- Puedes empezar desde solo 1€
- Ofrece comisiones muy competitivas en todos sus servicios
- Es un neobanco sólido y fiable

Importante: Solo está disponible para residentes en España.

10.21 Inversión en inmuebles

¿Cómo diversificar?

Es evidente que para invertir en inmuebles es necesario diversificar, ya que no es buena idea poner todos los huevos en la misma cesta.

¿Pero cómo hacerlo?

Lo ideal sería tener mucho dinero para poder comprar varias viviendas, pero la mayoría no podemos permitirnoslo. Es aquí donde entra en juego el crowdfunding inmobiliario.

¿Qué es el crowdfunding?

Es una forma de financiación colectiva entre varias personas para conseguir un bien común.

Y si te dijera que puedes invertir en casas de distintas zonas de España, Italia o Portugal desde tan solo 500 €, eso es precisamente lo que ofrece Urbanitae, una plataforma de inversión inmobiliaria.

Funciona de manera sencilla: tú decides cuánto quieres invertir y en qué inmuebles. Cada mes recibirás una parte proporcional de los ingresos por alquiler, y también tu parte correspondiente cuando se venda la propiedad.

Lo considero una forma muy interesante de invertir en el sector inmobiliario, con poco dinero, buena rentabilidad y, sobre todo, gran diversificación.

Estas inversiones suelen durar como mínimo un año, por lo que no son recomendables si necesitas el dinero a corto plazo. En mi opinión, son ideales para plazos de 1 a 5 años.

¿Y si vives en otro país?

Puedes usar plataformas como Property Partner, que aceptan inversores internacionales (excepto Estados Unidos).

¿Se puede invertir en inmuebles a través de la bolsa?

Sí. Puedes hacerlo mediante:

- SOCIMIs (Sociedades Anónimas Cotizadas de Inversión Inmobiliaria), como Merlin Properties, que cotiza en el IBEX 35.
- Fondos indexados REITs. Por ejemplo:

Amundi IS FTSE EPRA Nareit Global AE-C

ISIN: LU1328852659

Gastos anuales: 0,41 %

Disponible en MyInvestor y Renta 4

Diversificación global (más del 50 % en EE.UU.)

¿Y si quiero invertir directamente en viviendas?

Perfecto. Esto significa que dispones de cierto capital y estás dispuesto a generar ingresos pasivos mensuales.

Opciones de financiación:

1. Alquiler con opción a compra

Evita bancos e intereses. Solo necesitas liquidez para el pago final. Es fundamental incluir una cláusula que te permita subarrendar la vivienda. Si no, esta estrategia no funcionará.

2. Préstamo bancario (apalancamiento)

Algunos expertos consideran que pedir dinero prestado para adquirir activos es una "deuda buena", ya que el inquilino paga la cuota. Aun así, personalmente me genera incertidumbre.

Si optas por el alquiler con opción a compra, recuerda que suelen tener un plazo máximo de 5 años. Si no puedes pagarla en ese tiempo, puedes negociar un sistema mixto: una parte financiada por el vendedor y el resto por ti. Eso sí, intenta devolver ese dinero lo antes posible para minimizar intereses.

¿Qué rentabilidad debe darte una vivienda?

En mi opinión, mínimo un 6 % neto. Comprar un inmueble implica asumir ciertos riesgos, así que debemos exigirle una buena rentabilidad.

¿Cómo calcular la rentabilidad de una casa?

Rentabilidad bruta:

Fórmula:

(Ingreso anual por alquiler × 100) ÷ Precio de compra = Rentabilidad bruta (%)

Ejemplo:

Compro una vivienda por 30.000 € y la alquilo por 300 € al mes.

300 € × 12 meses = 3.600 € al año

(3.600 × 100) ÷ 30.000 = 12 % de rentabilidad bruta

Rentabilidad neta:

Fórmula:

((Ingreso anual – Gastos anuales) × 100) ÷ Precio de compra = Rentabilidad neta (%)

Supongamos que tengo 600 € de gastos anuales:

(3.600 – 600) × 100 ÷ 30.000 = 10 % de rentabilidad neta

En este caso, se trata de una rentabilidad excelente.

¿Cómo saber cuánto pagar como máximo por una vivienda?

Utiliza la regla del 120 de Pau Antó. Es muy práctica para detectar "chollos" en menos de 5 minutos.

Fórmula:

Alquiler mensual estimado × 120 = Precio máximo recomendado de compra

Ejemplo:

Una casa que se puede alquilar por 350 € al mes:

350 × 120 = 42.000 €

Es decir, si puedes comprar esa casa por 42.000 € o menos (contando todos los gastos), probablemente sea una buena compra.

¿Cuál es el verdadero valor de mi casa?

Tu casa vale lo que el mercado esté dispuesto a pagar, no lo que tú creas que vale. Muchos siguen pensando que las viviendas siguen teniendo los precios de 2008, pero esa burbuja ya estalló.

Una casa, igual que una acción, fluctúa de precio constantemente, pero a diferencia de la bolsa, no puedes ver esa variación cada día. Y menos mal, porque si pudiéramos ver cuánto sube o baja el valor de nuestra casa día a día, muchos no dormirían tranquilos.

10.22 Ingresos pasivos

¿Qué son los ingresos pasivos?

Son aquellos ingresos que no requieren de tu presencia física ni de tu actuación directa de forma continua. Se generan de manera automática tras un esfuerzo inicial. Es decir, requieren trabajo previo para su creación, pero después pueden producir beneficios de forma constante con poca o ninguna intervención.

Un ejemplo claro sería este libro. Ha requerido muchas horas de escritura e investigación, pero una vez publicado, comenzará a generar pequeños beneficios mensuales sin necesidad de seguir trabajando activamente en él.

¿Y tú? ¿Sabías que también puedes escribir tu propio libro?

Probablemente estés pensando que es muy complicado. Pero no lo es tanto: solo requiere trabajo, constancia e investigación. Además, contar con la guía de alguien con experiencia puede marcar la diferencia.

En mi caso, este libro ha sido posible gracias a Kevin Albert, autor de dos libros clave:

- "Branding Low Cost"
- "Vivir de mi libro"

Estos títulos me ayudaron a entender cómo crear, posicionar y monetizar un libro. Si te interesa generar ingresos pasivos, escribir tu propio libro puede ser una excelente opción.

Ahora quiero presentarte al que considero el mejor experto en España sobre ingresos pasivos: Agustín Grau.

Ha dedicado su carrera a enseñar a otras personas cómo generar ingresos automáticos a través de diversas fuentes. En su blog encontrarás información valiosa, consejos prácticos y casos reales.

Otros ejemplos comunes de ingresos pasivos:

- Dividendos de acciones en bolsa.
- Alquileres de viviendas, garajes o locales.
- Regalías por libros, música o fotografías.
- Venta de cursos online.
- Afiliación (comisiones por recomendar productos o servicios).
- Infoproductos (ebooks, plantillas, programas descargables...).
- Canales de YouTube o podcasts monetizados.

¿Cuál es el objetivo de los ingresos pasivos?

Ganar libertad.

Es decir, acumular suficientes ingresos pasivos como para cubrir tus gastos mensuales básicos. Cuando eso sucede, alcanzas lo que se conoce como libertad financiera.

Esto no significa que dejes de trabajar si no quieres, sino que trabajas por elección, no por obligación.

"El dinero trabaja para ti, no tú para el dinero".

10.23 Plazos fijos, cuentas de ahorro y remuneradas

Dime cuánto dinero tienes en depósitos fijos, y te diré cuánto valor perderán tus ahorros.

Esta afirmación puede parecer exagerada, pero refleja una realidad incómoda.

Según datos del Banco de España, el ahorro de las familias españolas en depósitos fijos superaba los 800.000 millones de euros a finales de 2018. Esta cifra demuestra que en nuestro país sigue existiendo una gran falta de cultura financiera.

Es cierto que los plazos fijos son productos de bajo riesgo, pero ofrecen una rentabilidad tan baja que resultan inútiles para preservar el poder adquisitivo de nuestros ahorros. En España, la rentabilidad media de estos productos se sitúa en torno al 0,05% TAE, mientras que la inflación media anual ronda el 2%.

Esto significa que, aunque el número de euros en tu cuenta siga igual, cada año podrás comprar menos cosas con ellos.

Por tanto, los plazos fijos no deberían ser una opción para hacer crecer nuestro dinero.

¿Qué otras alternativas tenemos?

Veamos ahora dos opciones muy comunes: las cuentas de ahorro y las cuentas remuneradas.

➤ ¿Qué diferencia hay entre una cuenta de ahorro y una cuenta remunerada?

• Cuenta de ahorro:

Permite depositar dinero y recibir una pequeña rentabilidad a cambio. En 2018, esa rentabilidad media era del 0,03% TAE, incluso inferior a la de los depósitos fijos. Su ventaja es que no requiere vinculación con otros productos bancarios.

• Cuenta remunerada:

Ofrece una rentabilidad más atractiva, pero normalmente exige vinculación. Esto incluye domiciliar una nómina, contratar una tarjeta o domiciliar recibos.

Muchas de las cuentas nómina que vemos anunciadas son, en realidad, cuentas remuneradas.

¿Qué cuenta remunerada es la más interesante actualmente?

En el momento de escribir este libro, dos opciones destacan:

• Cuenta Nómina de Bankinter:

Ofrece un 5% TAE el primer año, y un 2% TAE el segundo, hasta un máximo de 5.000 €.

Es atractiva, pero limitada en cantidad y con alta vinculación.

• Cuenta remunerada de Trade Republic:

Ofrece un 3,75% TAE anual, sin necesidad de domiciliar nómina ni contratar productos adicionales. Es más flexible y transparente, y por eso, actualmente es mi favorita.

¿Dónde comparar todas estas opciones?

Mi recomendación es que utilices herramientas como Rastreator.com.

En esta web puedes comparar en todo momento:

• Las mejores cuentas de ahorro.

- Las cuentas remuneradas más rentables.
- Las cuentas corrientes sin comisiones.

Recuerda que las condiciones bancarias cambian con frecuencia, así que es conveniente revisar cada seis meses si lo que tienes contratado sigue siendo lo mejor.

10.24 ETFs

Un ETF es el acrónimo de Exchange Traded Fund, que en castellano significa: fondo cotizado.

Este producto combina dos mundos diferentes: el de los fondos de inversión y el de las acciones.

Definición simple:

Un ETF es un fondo de inversión que se compra y se vende como una acción a lo largo del día, en mercados financieros.

¿Cómo invertir en el mundo a través de ETFs?

Puedes hacerlo a través de cualquier ETF que replique el índice MSCI World, lo cual te permite invertir en más de 1.500 empresas de 23 países desarrollados.

Algunos brokers recomendables para contratar ETFs son:

- ING
- Click Trade
- Self Bank
- BNP
- DeGiro (mi preferido por sus bajas comisiones)

Aunque los ETFs tienen comisiones internas muy bajas, al contratarlos puede que debas pagar:

- Comisión de compra-venta
- Comisión de custodia
- Comisión de mantenimiento (dependiendo del bróker)

¿Y si quiero invertir en oro?

El oro es el activo refugio por excelencia.

Cuando la economía va mal o los mercados caen, es habitual que el oro suba de valor, por lo que tener una pequeña parte de tu cartera en oro puede ser una buena forma de protegerte frente a la volatilidad.

Los ETFs más recomendables para invertir en oro son:

- Invesco Physical Gold ETC
- Gold Bullion Securities ETC
- ETFS Physical Gold
- ETFS Physical Swiss Gold
- iShares Physical Gold ETC

Mejor bróker para contratarlos: DeGiro, por sus bajas comisiones.

¿Cómo invertir en renta fija a través de ETFs?

Ya mencionamos antes que si quieres comprar bonos por tu cuenta, los ETFs de renta fija son una opción excelente.

Aquí tienes un listado de ETFs de bonos a largo plazo:

- iShares € Govt Bond 20yr Target Duration
- iShares eb.rexx Government Germany 10.5+yr UCITS ETF
- Xtrackers II Eurozone Government Bond 25+ UCITS ETF
- iShares € Govt Bond 15–30 yr UCITS ETF EUR (Dist)

Todos tienen unas comisiones entre el 0,15% y el 0,20%

Y puedes contratarlos en brokers como: Self Bank, DeGiro o Trade Republic.

Además, están disponibles para inversores de toda Europa.

¿Cuáles son los inconvenientes de los ETFs frente a los fondos indexados?

Aunque son una opción muy recomendable, los ETFs presentan dos desventajas principales frente a los fondos indexados:

1. Fiscalidad menos favorable:

Si vendes un ETF para cambiar a otro, deberás pagar impuestos por las ganancias generadas, algo que no ocurre con los fondos indexados en España gracias al régimen de traspasos.

2. Gestión manual:

Tendrás que hacer tú mismo el seguimiento, rebalanceo y estrategia, a diferencia de los roboadvisors que automatizan todo el proceso.

10.25 Crowdlending y Crowdfactoring

¿Qué es el crowdlending?

El crowdlending es una forma de financiación alternativa en la que empresas o particulares obtienen préstamos directamente de múltiples inversores.

En lugar de acudir a bancos tradicionales, recurren a plataformas digitales que conectan a personas dispuestas a prestar dinero con quienes lo necesitan.

El proceso es simple:

- La empresa o particular publica una solicitud de financiación.

• Los inversores, como tú o yo, aportamos pequeñas cantidades de dinero.

• A cambio, recibimos intereses periódicos hasta que se devuelve el préstamo completo.

Ejemplo práctico: Mintos

Una de las plataformas de crowdlending más populares en Europa es Mintos.

¿Qué es Mintos?

Es una plataforma de préstamos P2P (peer-to-peer) que pone en contacto a inversores con empresas de préstamo que ofrecen microcréditos, préstamos personales, de automóviles, hipotecarios, etc.

Ventajas clave de Mintos:

• Puedes invertir desde solo 10 €.

• Rentabilidad media del 11,7%, según datos de la propia plataforma.

• Puedes activar la opción de inversión automática, estableciendo tus criterios preferidos.

• Puedes optar por "préstamos con garantía de recompra", que cubren la deuda en caso de impago tras 60 días.

Está disponible para usuarios de la mayoría de países del mundo, excepto Estados Unidos.

Enlace oficial: https://www.mintos.com/es/

¿Tiene riesgos?

Sí, como toda inversión. Algunos de los riesgos son:

• Impago por parte del prestatario.

• Fallo de la empresa emisora del préstamo.

• Riesgo de plataforma, si la propia Mintos tuviera problemas de solvencia.

Sin embargo, puedes reducir estos riesgos si:

- Diversificas entre muchos préstamos.
- Usas la opción de garantía de recompra.
- Inviertes solo el dinero que no necesitas a corto plazo.

¿Y el crowdfactoring?

Aunque no lo hemos desarrollado mucho en este capítulo, te adelanto que:

- El crowdfactoring es similar al crowdlending, pero en lugar de prestar dinero, compras facturas pendientes de cobro de empresas.
- A cambio, obtienes un rendimiento cuando la empresa deudora paga la factura.

Ejemplo de plataforma: Circulantis o MytripleA.

Conclusión:

El crowdlending y el crowdfactoring son dos herramientas útiles para diversificar tus inversiones, generar ingresos pasivos y obtener buenas rentabilidades si se gestionan con precaución.

10.26 Crowdfactoring

¿Qué es el crowdfactoring?

El crowdfactoring es una modalidad del crowdlending en la que las empresas obtienen financiación anticipando el cobro de sus facturas.

Es decir, los inversores particulares aportan dinero para comprar facturas o pagarés pendientes de cobro, y obtienen una rentabilidad cuando el cliente de la empresa paga esa deuda.

Ejemplo práctico: Circulantis

Una de las plataformas pioneras en España en este tipo de inversión es Circulantis.

¿Qué es Circulantis?

Es una empresa española especializada en crowdfactoring, que permite a pequeños inversores financiar pagarés y facturas de empresas solventes, con una inversión mínima de solo 50 €.

Características principales:

- Rentabilidad media del 7,8% anual, según datos de su propia web.
- Plazos de inversión muy cortos, con una media de algo más de dos meses.
- Muy baja morosidad, con incidencias por debajo del 1%.
- Dispone de opción de inversión automática, para invertir sin esfuerzo.

¿Qué lo hace interesante?

- Ideal para quienes buscan liquidez a corto plazo.
- Requiere muy poco capital inicial.
- Puede servir como complemento a inversiones de más largo recorrido.
- La plataforma analiza y selecciona previamente a las empresas para reducir el riesgo de impago.

¿Inconvenientes?

- Solo está disponible para residentes en España.
- El riesgo sigue existiendo, como en cualquier inversión, aunque sea bajo.

Si no vives en España, puedes investigar plataformas similares en tu país. Algunas internacionales incluyen MyTripleA, October o Mintos (aunque esta última está más centrada en préstamos).

10.27 Inversión directa en acciones

¿Qué es una acción?

Explicado de forma muy sencilla, **es una pequeña parte de una empresa que se puede comprar y vender.**

Por tanto, el valor total de una empresa se divide en unidades del mismo tamaño, y cada una de esas unidades se conoce como acción.

Ejemplo:

Si una compañía vale 200 millones de euros y emite 100 millones de acciones, cada acción tendría un valor de 2 €.

¿Por qué ofrecen acciones las empresas?

Por un lado, permite a los inversores/as ser propietarios/as del negocio, y por otro, la empresa obtiene fondos para reinvertir.

¿Por qué se mueven los precios de las acciones?

Son muchos los factores que intervienen, pero los más importantes son:

- La oferta y la demanda.
- Los beneficios de la empresa.
- Los sentimientos de los inversores/as: miedo, euforia y tranquilidad, provocados por rumores o noticias (ruido).

A estos movimientos en los precios se les conoce como volatilidad.

La inversión directa en acciones es una forma muy interesante de revalorizar tu dinero y de obtener ingresos pasivos.

Y la estrategia que considero más eficaz es el Buy and Hold (B&H).

¿Qué es el Buy and Hold?

Es una estrategia de inversión a largo plazo que consiste en comprar acciones con estas características:

- Empresas estables y con gran capitalización (Blue Chips).
- Empresas que repartan dividendos.

El objetivo es mantener esas acciones indefinidamente para beneficiarse de la revalorización y de los dividendos.

¿Qué son los dividendos?

Es la parte del beneficio que se reparte entre los accionistas de una compañía.

¿Cómo saber si una acción está cara o barata?

Con el indicador PER (Price Earning Ratio), que nos dice cuántos años de beneficios necesita la empresa para devolvernos lo que pagamos por la acción.

- PER por debajo de 15: acción razonablemente barata.
- PER por encima de 15: acción cara.
- PER de hasta 25 en empresas de alto crecimiento como Apple o Amazon puede ser aceptable.

Puedes consultar el PER en cualquier web de bolsa en directo.

¿Cómo comprar acciones directamente?

Necesitarás un bróker. Los más comunes en España son:

- ING
- Degiro
- XTB
- Activo Trade

Para acciones internacionales:

• Interactive Brokers (el mejor a nivel mundial).

• Degiro (buena opción alternativa).

Importante:

• Si usas Interactive Brokers o Degiro, tus acciones estarán en el extranjero.

o Tendrás que presentar el modelo D6 ante Hacienda.

o Si superas los 50.000 €, también el modelo 720.

¿Floren, tú utilizas el Buy and Hold?

No, prefiero invertir en fondos a través de Robo Advisors por comodidad y eficiencia.

Pero si lo hiciera, invertiría un mínimo de 20.000 € por estas razones:

1. Para comprar al menos 20 acciones distintas y diversificar.

2. Para que las comisiones no se coman la rentabilidad, haciendo compras de mínimo 1.000 € por empresa.

¿Qué acciones comprarías?

Personalmente prefiero comprar el mundo con fondos indexados. Invertir en el extranjero directamente me parece más complejo por el papeleo y la doble tributación.

Por eso me centro en empresas españolas. Aquí tienes mi selección para mantener durante 20 años:

1. Merlin Properties
2. Inditex
3. Enagás
4. Mapfre

5. Coca-Cola European Partners
6. Viscofan
7. Ebro Foods
8. Acciona
9. Ferrovial
10. Zardoya Otis
11. AENA
12. Endesa
13. Naturgy
14. BBVA
15. ACS
16. Red Eléctrica
17. Vidrala
18. Telefónica
19. Iberdrola
20. Santander

¿Cómo obtener la máxima rentabilidad posible en bolsa?

Invirtiendo en Small Caps (empresas pequeñas), pero no lo recomiendo si no tienes experiencia.

¿Quieres aprender más sobre la inversión directa en acciones?

Te recomiendo a Gregorio Hernández Jiménez.

10.28 Invertir en Startups

¿Floren, puedo ganar una rentabilidad del 800%?

Sí, incluso más.

A continuación, voy a presentarte las startups, que son empresas de base tecnológica que surgen con nuevos modelos de negocio para resolver necesidades actuales o incluso crear nuevas. Sin embargo, debes tener en cuenta que se trata de inversiones de alto riesgo: puedes perderlo todo o puedes obtener resultados extraordinarios.

Si buscas especular, hazlo a lo grande, y puedes invertir en startups desde cualquier parte del mundo. Estas son algunas de las plataformas más conocidas:

- Startupxplore, desde 1.000 €
- The Crowd Angel, desde 3.000 €

Por otro lado, quiero mencionarte una de las startups más exitosas de la historia: Amazon.

Esta empresa nació en el garaje de su creador, Jeff Bezos, en 1994. Al principio, era simplemente una tienda online de libros. El garaje servía también como almacén, pero pronto se quedó pequeño cuando la empresa empezó a vender todo tipo de productos por todo el mundo.

¿Sabes cuánto habrías ganado si hubieras invertido 1.000 € en Amazon cuando era una startup?

Si hubieras comprado acciones en su debut en bolsa en 1997 y las hubieras mantenido hasta hoy, habrías ganado 10.672.220 €.

10.29 Productos de inversión peligrosos

No voy a explicarte todos los productos que voy a nombrar, porque no lo considero necesario. Además, pienso que su explicación no te aportaría nada, ya que simplemente debes mantenerte alejado/a de ellos.

La Comisión Nacional del Mercado de Valores (CNMV) considera que son muy peligrosos los siguientes productos:

- CFDs.
- Derivados.
- Productos Forex.
- Opciones binarias.
- Futuros.

Cabe aclarar que son productos muy peligrosos por dos motivos:

- Son productos muy complejos de entender y que solo deberían ser utilizados por profesionales.
- Tienen un fuerte grado de apalancamiento, es decir, puedes perder más dinero del que dispones para invertir.

Por otro lado, también deberías alejarte de productos especulativos como pueden ser las criptomonedas.

Para mí, los principales riesgos de las criptomonedas son los siguientes:

- Alta volatilidad.
- No están reguladas por bancos ni gobiernos.
- Son susceptibles a errores y ataques informáticos.

Capítulo 11: TEORÍA DE LA CONSPIRACIÓN DE LOS ILUMINATI

11. Teoría de la conspiración de los Iluminati

Llegamos al capítulo más polémico del libro, y quiero dejar claro que **todo lo que voy a redactar no es mi opinión personal**, ya que solo opino sobre lo que conozco. Así pues, simplemente me limitaré a reflexionar junto a vosotros/as.

Cabe aclarar que todo lo que voy a expresar está basado en el documental La energía Toroidal de lo eterno.

Los autores/as de este documental afirman que todos los hechos relatados han sido contrastados de manera independiente. Además, aseguran que las fuentes aparecen documentadas en la web:

http://www.thrivemovement.com/

Empecemos por el principio: en este documental se afirma que hay varias familias que controlan el mundo. Entre ellas, destacan las siguientes:

Rothschild, Rockefeller y Morgan

Estas familias representarían la élite financiera y, supuestamente, controlarían los siguientes campos:

• Dinero

Es evidente que quien controla el dinero, controla el mundo. Poco más hay que decir. No obstante, te recuerdo que tienes mucha información al respecto en el Capítulo 7: Los bancos no son nuestros amigos, donde se explica que el sistema financiero estaría manipulado a favor de los poderosos.

Algunas preguntas para la reflexión:

¿Es posible que estemos pagando a los bancos el sobreendeudamiento de algunos gobiernos, y además, con intereses?

¿Crees que la inflación es una forma de robarnos dinero?

¿Puede que el sistema financiero esté manipulado a favor de la banca?

Según Emilio Carrillo:

"Han nacido nuevos imperios. Siempre ha habido imperios, pero no han sido corporaciones financieras y empresariales como lo son ahora."

"Las 10 principales multinacionales a nivel mundial mueven el mismo volumen económico que 184 países."

"Las 100 primeras corporaciones multinacionales manejan el 50% de la economía mundial."

"Las 200 mayores corporaciones financieras controlan casi el 80% de la economía mundial."

"Por primera vez en la humanidad, el 1% de la población mundial tiene más patrimonio que el 99% restante."

"La mayor parte de la riqueza se acumula en el 1% del 1%. Así que, unas pocas decenas de personas controlan la economía mundial."

• Energía, agricultura y comercio

El petróleo controla todos los aspectos de nuestras vidas: el combustible de los coches, los plásticos, la electricidad de las casas y fábricas e incluso los fertilizantes para la tierra.

¿Pensáis que se podrían utilizar fuentes de energía menos contaminantes?

¿Por qué no se hace? ¿Hay intereses económicos?

¿Sería posible utilizar una fuente de energía ilimitada?

• Sanidad

La enfermedad es un negocio para la industria farmacéutica. Este sector supera en ganancias a las ventas de armas y de telecomunicaciones. Por cada dólar invertido en fabricar un medicamento, se obtienen mil en beneficios. Solo 25 empresas controlan el 50% de la producción mundial.

¿Es posible que exista la cura de alguna enfermedad y que el sistema nos la oculte por intereses económicos?

• Educación

¿Pensáis que la élite financiera podría querer formar empleados/as manejables y consumidores/as ansiosos?

¿Les resultaría útil?

• Información

La base de la manipulación informativa se centra en el control de las ideas. Lo que se repite sin cesar cala entre la gente y se convierte en una verdad absoluta, aunque no lo sea.

Como dijo Joseph Goebbels, responsable de la propaganda nazi:

"Una mentira repetida mil veces se convierte en verdad."

Recordemos que los nazis llegaron al poder mediante elecciones generales.

¿Quién pensáis que controla los medios de comunicación?
¿Están manipulados?

• Libertad

¿Cómo se controla la libertad? Dictando las normas sociales. Si cumples las normas, vivirás en una zona libre de problemas.

¿Es posible que hayan creado un "ejército social" que imponga las normas unos a otros?

¿Puedes expresar tus opiniones con total libertad?

"No hay mayor cárcel que el miedo a lo que pensarán los demás."

Por ejemplo, si afirmas que no quieres tener hijos/as:
Si eres hombre, quizás te respeten.
Si eres mujer, la presión social puede ser enorme.

Al final, todo se resume en:

"Piensa como quieras, pero compórtate como los demás."

"El rebaño huye de la oveja negra, inseguro de si es o no una de ellas. La oveja negra se queda rezagada, fuera del rebaño, donde, acorralada por los lobos, es devorada en poco tiempo."

¿Estamos siendo vigilados?
¿Qué hacen Google y Facebook con nuestros datos?

¿Las empresas quieren saber nuestros hábitos de consumo?

Nuestra vida se ha convertido en un registro digital que se actualiza al instante.

Ejemplos de vigilancia digital:

1. Uso de tarjetas bancarias
2. Visitas a webs
3. Llamadas telefónicas
4. WhatsApp
5. Aplicaciones móviles
6. Redes sociales
7. Google Maps
8. Fotos subidas
9. Correos electrónicos
10. Me gusta" en Facebook
11. Vídeos en YouTube

¿A alguien le ha aparecido publicidad sobre algo justo después de hablar de ello?

A mí, personalmente, sí me ha pasado.

Pero el control no se detiene aquí. Según el documental, también se menciona:

• Chips bajo la piel, más allá del chip del DNI.

• Pulverización aérea (Chemtrails): Avionetas que rocían el aire. Agricultores aseguran haber encontrado metales pesados como aluminio, plata, hierro, bario, estroncio o plomo en el agua.

¿Se busca manipular el clima?

¿Se pretende enfermarnos?

• Esterilización en vacunas:

¿Cuanta menos población, más fácil de controlar?

• 30 millones de cámaras en EE.UU.:

¿Son necesarias tantas?

• Proyecto HAARP:

¿Podría existir una máquina capaz de generar desastres naturales?

¿Con qué fines?

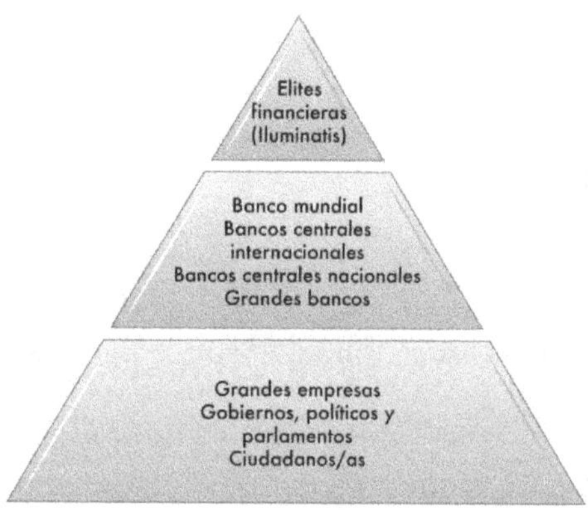

Capítulo 12: MI JUBILACIÓN DE ORO

12.1 La regla del 4%

Como ya sabes, mi patrimonio principal estará concentrado en MyInvestor. Un gran porcentaje estará invertido en una cartera de fondos indexados, y un pequeño porcentaje en un plan de pensiones de la gestora Indexa Capital.

Pero cuando llegue el momento de empezar a retirar mi patrimonio...

¿Cómo lo haré? ¿Y si me quedo sin dinero?

Pues aquí es cuando entra en juego la regla del 4%.

¿Qué es la regla del 4%?

Esta regla afirma que cada año podrás sacar un máximo del 4% de tu patrimonio, de forma que te dure un mínimo de 25 años.

¿De dónde sale ese porcentaje del 4%?

Está basado en las conclusiones del estudio conocido como Trinity Study, publicado en 1998 por tres profesores de la Universidad de Trinity y actualizado en 2010.

La investigación utilizó datos de la evolución de la bolsa y de los bonos estadounidenses entre 1926 y 2010, para averiguar la tasa de retirada sobre una determinada cantidad que permitiera no quedarse sin dinero durante un período de 25 años.

Así pues, la regla del 4% se llama así porque ese es el porcentaje óptimo, según el estudio original, para que el capital acumulado alcance para una jubilación de 25 años.

Cabe aclarar que este estudio está orientado al contexto de EE. UU., donde el sistema de pensiones es prácticamente inexistente. En el caso de España, podríamos ser un poco más flexibles a la hora de aplicar esta regla.

El estudio parte de las siguientes premisas:

- Que tus gastos al jubilarte serán los mismos que antes de hacerlo.
- Que has creado patrimonio a través del ahorro y la inversión.
- Que sacarás un 4% el primer año y después ajustarás en función de la inflación (en España se estima una media del 2%).
- Que no vas a tener más ingresos, solo esa cantidad ahorrada.

También debes tener en cuenta que, cuando empieces a rescatar el dinero acumulado en fondos de inversión, pagarás solo por la parte correspondiente a las ganancias, aplicándose una retención de entre el 19% y el 23%, aunque estos porcentajes podrían variar en el futuro.

En cuanto al plan de pensiones, aplicaré la misma regla del 4% y, evidentemente, lo rescataré en forma de renta, es decir, retirando pequeñas cantidades todos los meses, que al final del año supondrán el 4% total.

En lo que respecta a los planes de pensiones, los impuestos funcionan de manera distinta: tributan como rendimientos del trabajo. Por tanto, si por ejemplo tienes 50.000 € en un plan de pensiones, Hacienda considerará que has ganado 50.000 €, aunque parte de ese dinero haya sido aportado por ti mismo. Suena extraño, pero es la realidad.

Por eso, **te recomiendo que no empieces a rescatar el plan de pensiones el mismo año que te jubiles, ya que es mejor esperar al siguiente año fiscal para reducir el impacto fiscal.**

Por último, si quieres seguir aprendiendo sobre planes de pensiones, te animo a que busques información sobre Juan Díaz, ya que es considerado el mayor experto de España en esta materia.

12.2 Dejar en herencia

En el caso de que mi fondo de inversión no se agote o, desgraciadamente, muera antes de lo previsto, tendré que dejar en herencia un patrimonio y, por tanto, a mi fondo se le aplicaría lo que se conoce como la plusvalía del muerto.

¿Qué es la plusvalía del muerto?

Es como se denomina a una regla fiscal que se aplica al heredar fondos de inversión, acciones e inversiones similares.

Gracias a esta regla, los herederos no tendrán que pagar impuestos por las ganancias acumuladas en los fondos de inversión.

Sin embargo, sí tendrán que pagar el Impuesto de Sucesiones sobre el capital total heredado.

¿Floren, y si quiero donar en vida parte del patrimonio del fondo?

Me parece una muy mala idea, porque tú tendrás que tributar por la ganancia patrimonial, y la otra persona por la donación recibida.

Es decir, encima que donas, te tocaría pagar.

¿Y qué ocurrirá con el plan de pensiones?

En el caso de dejar en herencia un plan de pensiones, los herederos no estarán obligados a rescatarlo inmediatamente.

Y si deciden rescatarlo, tendrán que tributar por él en la declaración de la Renta, tal y como lo haríamos con un plan de pensiones propio.

Capítulo 13: PADRE LIBRE, HIJO RICO

13.1 Introducción

Creo que, a estas alturas del libro, toda la gente tiene claro que con la inversión a largo plazo se puede conseguir mucho dinero, pero hasta ahora solo hemos pensado en aplicarlo en nosotros/as mismos/as, así que ha llegado el momento de dar un paso más.

¿Y si aplico esta estrategia en mis hijos/as?

Pues será maravilloso, porque tus hijos/as habrán alcanzado la independencia financiera con unos 40 años y serán ricos con 50 años. Por tanto, estarás ejerciendo una labor altruista, porque nosotros/as no disponemos de tanto tiempo.

¿Pero qué ocurrirá si mi hijo/a dispone de 500.000 € con 40 años o 1.000.000 € con 50?

Pues la respuesta variará en función de la educación financiera que le proporciones.

Pueden darse dos escenarios diferentes:

1. Si tu hijo/a no recibe educación financiera:

Nunca llegará a disponer de estas cantidades, porque cuando tú fallezcas, no continuará con las aportaciones y posiblemente se funda todo el dinero del que disponga. Por tanto, probablemente tu esfuerzo no valdrá de nada.

2. Tu hijo/a recibe educación financiera:

Alcanzará la independencia financiera con 40 años y será rico con 50 años, pero para conseguirlo será necesario que continúe con las aportaciones después de haber fallecido sus padres y, por supuesto, que no toque el dinero hasta que llegue a su objetivo final. Pero lo más importante es que tu hijo/a formará parte del proceso y será una prolongación de ti mismo/a.

¿Floren, cómo puedo proporcionar educación financiera a mis hijos/as?

Existen muchas formas, pero yo te voy a ofrecer mi siguiente libro: "Padre libre, hijo rico".

Por medio de este libro te orientaré en la educación financiera de tu hijo/a y también te diré qué vehículos de inversión puedes utilizar.

Este libro lo puedes comprar en Amazon.

13.2 ¿Cómo conseguir 1.000.000 € con solo 5 € al día?

Tan pronto como tu hijo/a nazca, es el momento de empezar a invertir, porque el tiempo y el interés compuesto son nuestras mayores armas. Ya que, simplemente ahorrando, nunca seremos millonarios.

Ejemplo:

5 € al día = 1.825 € al año

En 100 años = 182.500 €

Como podéis observar, no seríamos ricos ni en 100 años. Además, no hemos tenido en cuenta la inflación, ya que tu dinero cada vez vale menos, porque las cosas cada vez son más caras.

Pero, desgraciadamente, nadie nos enseña todo esto en los colegios e institutos. Por tanto, serás tú, como padre o madre, el/la encargado/a de enseñárselo a tus hijos/as.

¿Por qué no se enseñará educación financiera en los colegios e institutos?

Ahora te voy a intentar demostrar de dónde salen las cifras para afirmar que se puede alcanzar 1.000.000 € en 50 años.

Para ello, me he basado en el índice S&P 500, el cual está compuesto por las 500 empresas más importantes de EE. UU. y fue creado en 1923. También me he basado en la rentabilidad histórica del índice, que está entre el 7,5 % y el 8 %.

¿Por qué invertir solo 5 € al día?

Puedes invertir lo que quieras, al igual que sería conveniente empezar con un capital inicial, pero he puesto esta cantidad porque es una cifra simbólica, que muchas veces se nos va en los llamados "gastos hormiga".

A continuación, os presento el resultado de la inversión a 50 años:

Resultado: 1.132.152€

Y ahora es el momento de ver la magia del interés compuesto:

• 10 años ahorrando = 18.250 €

- 10 años invirtiendo al 8 % = 30.363 €
- 20 años ahorrando = 36.500 €
- 20 años invirtiendo al 8 % = 91.976 €
- 40 años ahorrando = 73.000 €
- 40 años invirtiendo al 8 % = 512.166 €

Tu hijo/a habría alcanzado la independencia financiera a partir de los 40 años. Evidentemente, estas cifras variarán en función de muchos factores, pero lo importante no son las cifras, aquí lo único significativo es el mensaje, es decir, que, desde ya, tienes que empezar a actuar de forma altruista.

- 50 años ahorrando = 91.250 €
- 50 años invirtiendo al 8 % = 1.132.152 €

Llegó lo que parecía imposible: tu hijo/a podrá ser rico con 50 años, y todo desde solo 5 € al día. Sinceramente, creo que merece la pena el esfuerzo.

Aunque para que todo esto funcione, será necesario seguir una serie de reglas:

1. Invierte todos los meses; la inversión debe ser un gasto fijo.
2. Nunca vendas; reinvierte.
3. Disciplina; has de ser fiel a la estrategia.

¿Floren, se puede acelerar el proceso?

Claro. Ya sé que 50 años te parecen una barbaridad, pero se puede ir más rápido de las siguientes formas:

1. Aportando más de 5 € al día.

2. Empezando con un capital inicial, porque en estos cálculos hemos empezado desde 0 €.

3. Eligiendo un buen momento para empezar, porque no es lo mismo comenzar cuando la bolsa está muy cara que cuando se ha producido una fuerte caída. Aunque esto solo sería relevante si empezamos con una cantidad inicial elevada.

4. Aumentando el 8 % de interés, pero sinceramente, no te lo recomiendo, a no ser que te quieras dedicar a la inversión de forma profesional.

Finalmente, antes de invertir en el futuro de tus hijos/as, te animo a que vuelvas a leer el Capítulo 10: "La inversión: lo mínimo que debo saber", y que centres la atención en el punto 10.18: "Invertir en fondos indexados: Myinvestor". Sin embargo, eres libre de elegir el vehículo de inversión que más te guste.

Capítulo 14: RECOMENDACIONES

Supongo que después de tantas horas tendrás claro que no hay una verdad absoluta y que yo no sé más que el resto. Simplemente te estoy dando mi opinión, además de hacerte reflexionar y, por supuesto, ahorrarte muchas horas de investigación. Sin embargo, tú serás el responsable de tus decisiones y de tu futura formación.

A continuación, me gustaría recomendarte una serie de libros, blogs, canales de YouTube, cuentas de Twitter, etc.

Libros sobre educación financiera y bolsa:

- Padre rico, padre pobre. Robert T. Kiyosaki
- El hombre más rico de Babilonia. George S. Clason
- Independízate de papá Estado. Carlos Galán
- Vive pasivamente. Miguel Ángel Bautista Estévez
- Cómo hacerse rentista. Elveranomaslargo
- La bolsa o la vida. Vicki Robin
- Inversión y gestión del dinero al alcance de todos. Marc Frau
- Educación financiera avanzada partiendo de cero. Gregorio Hernández Jiménez
- Un paseo aleatorio por Wall Street. Burton G. Malkiel

- Un paso por delante de Wall Street. Peter Lynch
- El pequeño libro para invertir con sentido común. John C. Bogle
- Cómo invertir en fondos de inversión con sentido común. John C. Bogle
- El pequeño libro que genera riqueza. Pat Dorsey
- La guerra financiera asimétrica. David Núñez Longueira y Santiago Casal Pereira
- Conoce la Bolsa. Gregorio Hernández Jiménez
- Más cosas sobre la Bolsa. Gregorio Hernández Jiménez
- El millonario de la puerta de al lado. Thomas J. Stanley
- El código del dinero. Raimón Samsó Queraltó
- Guía para invertir en Bolsa con Fondos Indexados. Sergio Yuste Teruel

Libros sobre desarrollo personal:

- El monje que vendió su Ferrari. Robin Sharma
- Open: Memorias. Andre Agassi
- El Alquimista. Paulo Coelho
- Piense y hágase rico. Napoleon Hill
- 24 minutos en el otro lado. Tessa Romero
- Aprendiendo de los mejores (1 y 2). Francisco Alcaide Hernández
- ¡Tómate un respiro! Mindfulness. Mario Alonso Puig
- El poder del ahora. Eckhart Tolle

Libros para crear tu propio libro:

- Branding Low Cost: cómo crear una marca con muy poco dinero. Kevin Albert
- Vivir de mi libro: cómo autopublicar un solo libro y jubilarte en menos de un año. Kevin Albert

Canales de YouTube de finanzas e inversión:

- Rankia
- Value School
- Meta Norte
- Trabajar desde casa
- Finect
- Academia de inversión
- Alquiler profesional
- Opinatron
- Carlos Galán Rubio
- El club de la inversión
- Arte de invertir
- Zonavalue Club
- Bolsa para principiantes
- Indexa Capital
- Dimitri Uralov
- Emérito Quintana
- Pau Antó
- Carlos Devis
- David Galán

Canales de YouTube sobre desarrollo personal:

- Borja Vilaseca
- Emilio Carrillo (no tiene canal propio)
- Jordi Wu

Canales de YouTube para crear tu propio libro:

- Gana dinero con Kindle

Blog de espiritualidad:

- http://emiliocarrillobenito.blogspot.com/

Blogs y webs de finanzas e inversión:

- http://cazadividendos.com
- www.academiadeinversion.com
- http://inversorinteligente.net
- www.finanzascasa.com
- www.invertirenbolsa.info
- www.rankia.com
- http://carlosgalan.net
- http://opinatron.com

Cuentas a seguir en Twitter:

- @InversionPasiva
- @FinanzasCasa
- @elfarmaceuticoa
- @dinerobolsa
- @AntonioRRico
- @Cazadividendos
- @finect
- @Inversor_pacien
- @enqueinvierte
- @DavidGalanBolsa
- @dividendc2
- @FenixInversion (es mi cuenta personal)

Libros de educación financiera para tus hijos e hijas:

- Mi primer libro de educación financiera. Floren Verdú

- Mi primer libro de educación financiera 2. Floren Verdú
- Mi primer libro de educación financiera 3. Floren Verdú

Libros para ayudar a tu hijo y/o hija a ser feliz:

- De mayor quiero sentirme bien. Floren Verdú
- De mayor quiero sentirme bien 2. Floren Verdú

Capítulo 15: DONACIÓN, ATENCIÓN PERSONALIZADA Y VALORACIÓN

14. Donación, atención personalizada y valoración

¿Por qué voy a donar el 10% de lo que recaude con este libro?

Porque es vital ayudar a los demás y porque la abundancia se basa en dar y recibir. Es por ello que el 10% de lo que obtenga con este libro irá destinado a la ONG Cruz Roja. Así pues, cada vez que realice una donación informaré por correo electrónico a todas aquellas personas que os hayáis puesto en contacto conmigo.

Atención personalizada.

Sinceramente, pienso que con este libro tienes suficiente información para empezar a actuar en todos los aspectos de tu vida. Sin embargo, si necesitas realizarme alguna consulta, puedes escribirme a:

- florenvb@hotmail.com
- florenvb@gmail.com
- hola@florenverdu.com

Aunque es posible que te sientas más cómodo/a si te llevo de la mano durante este proceso. En ese caso, estaré encantado de ofrecerte atención personalizada a través de una videoconferencia, una reunión presencial o por teléfono.

¿Quieres llevar tu educación financiera al siguiente nivel?

Si buscas alcanzar un nivel avanzado, **te recomiendo un curso y un máster que realicé hace algún tiempo y que, sinceramente, considero el mejor en el mercado de habla hispana.** A continuación, te dejo el enlace para que puedas acceder y aprovechar la consulta gratuita que ofrecen expertos altamente cualificados:

https://hotm.art/mrfvb

Tendrás que escribir el enlace en el navegador o, si lo prefieres, copiar y pegar.

Sobre el libro.

Para finalizar, si te ha gustado el libro, te pido que hagas el favor de regalarme unos pocos minutos de tu tiempo y escribas una reseña positiva en Amazon, ya que no realizo ningún tipo de publicidad. Así, gracias a tu reseña, podré llegar a otros/as lectores/as.

Por el contrario, si no te ha gustado, también te animo a hacer una reseña negativa, así la gente no perderá el tiempo en leerlo. No obstante, el mercado decidirá si el contenido merece o no la pena.

Muchas gracias por tu tiempo. Y si te he aportado alguna idea, habrán merecido la pena todas las horas que he dedicado a escribir.

Capítulo 16: AGRADECIMIENTOS

Quiero dar las gracias a mi madre y a mi padre por darme la vida y por haberse esforzado tanto para que yo tuviera un futuro próspero. Han sido numerosos los sacrificios que han tenido que hacer para que nunca faltara la comida en la mesa y, también, para poder costear parte de mis estudios. Gracias de corazón.

También quiero agradecer la ayuda de mi exnovia Anabel. Sacó lo mejor de mí y me hizo ser mejor persona. Gracias por haber formado parte de mi vida. Te deseo lo mejor.

Además, quiero darle las gracias a mi gran amigo Kevin Albert, quien ha sido clave para que este y otros libros hayan sido posibles. Su ayuda y generosidad han sido fundamentales.

Por último, un agradecimiento muy especial a mi ex cuñado Samuel Garrido, encargado del diseño de la portada. Si os ha gustado el diseño, aquí os dejo su contacto en Instagram: @samuelgarridofrances.

REGALO FINAL

¡Te regalo mi próximo libro!

Porque valoro a cada lector que me acompaña en este camino, quiero regalarte algo único: acceso exclusivo a mi próximo libro completamente gratis.

Escanea el código y únete a mi club de lectores.

La aventura no termina aquí, empieza contigo.

FUENTES

https://inversorpaciente.com/inversion-en-bolsa/por-que-invertir-lo-antes-posible/

https://www.finanzascasa.com/falsos-mitos-sobre-el-dinero/

https://mariamikhailova.com/2018/10/08/las-9-creencias-que-limitan-tu-abundancia-y-prosperidad/

"El millonario de la puerta de al lado". Thomas J. Stanley y William D. Danko.

http://www.inviertetuvida.com/trading-gran-mentira-bolsa-debes-conocer/

https://www.docsity.com/es/noticias/filosofia-2/reflexiones-el-destino-casualidad-o-causalidad/

https://www.dietacoherente.com/azucar-oculto-alimentacion-aprende-evitarlo/

@Mala Fama1981

https://opinatron.com/minimalismo-estilo-vida-minimalista/

@invertizate

@FinanzasCasa

prosperidaduniversal.org

https://www.sebascelis.com/camino-a-la-abundancia/

https://lamenteesmaravillosa.com/las-10-leyes-de-la-abundancia/

https://borjavilaseca.com/8-claves-sembrar-abundancia-vida/

El club de la lucha

https://opinatron.com/cuidado-con-la-carrera-de-la-rata/

https://mario10porciento.com/gastos-hormiga/

http://economiazero.com/la-estafa-de-las-tarjetas-revolving/

https://preahorro.com/deuda/lo-que-la-financiacion-sin-intereses-al-0-esconde/

https://www.yaencontre.com/noticias/vivienda/ventajas-desventajas-comprar-una-casa/

https://www.idealista.com/news/inmobiliario/vivienda/2012/10/01/520379-ventajas-y-desventajas-de-vivir-de-alquiler

https://www.muyinteresante.es/tecnologia/articulo/que-es-el-neuromarketing-921450098441

https://oroinformacion.com/que-es-y-como-funciona-el-patron- oro/

https://www.notimerica.com/cultura/noticia-fue-produjo-corralito-argentina-hace-15-anos-20161203071948.html

https://es.wikipedia.org/wiki/Corralito_en_Chipre_de_2013

http://www.finanzascasa.com/sindrome-de-estocolmo-bancario

https://www.invertirenbolsa.info/articulo_pensiones_seguridad_social_ya_han_quebrado.htm

https://blog.bankinter.com/economia/-/noticia/2018/6/19/evolucion-hucha-pensiones-espana-dinero.aspx

https://www.popcoin.es/magazine/noticia/fondo-noruego-pensiones-alcanza-billon-dolares-patrimonio

https://invesgrama.com/2019/07/15/el-fondo-de-pensiones-de-noruega-en-que-invierte-y-cuanto-gana/

https://lahormigacapitalista.com/plan-pensiones-indexado/

https://www.youtube.com/watch?v=kW-PZ8yTZhw

https://agustingrau.com/esclavitud-moderna/

https://www.youtube.com/watch?v=MaXnamLAGPw

https://inbestia.com/analisis/entrevista-a-carlos-galan-autor-del-libro-independizate-de-papa-estado-inversion-inteligente-y-simple-para-lograr-la-libertad-financiera

https://www.aprendizfinanciero.com/diferencia-entre-activos-y-pasivos/

https://compraraccionesdebolsa.com/mercados-bolsa/acciones/invertir-o-especular/

Viaje alrededor del mundo, siguiendo el Ecuador. Mark Twain.

Un paseo aleatorio por Wall Street. Burton G. Malkiel

https://www.ennaranja.com/economia-facil/economia-conductual/el-sesgo-de-la-aversion-a-la-perdida/

@valuedelsur

https://opinatron.com/vivir-de-la-bolsa/

https://opinatron.com/volatilidad-invertir-largo-plazo/

https://www.europapress.es/economia/finanzas-00340/noticia-gestion-pasiva-representa-mercado-espanol-lejos-19-europeo-finizens-20190812113258.html

https://inversorpaciente.com/inversion-en-bolsa/por-que-invertir-lo-antes-posible/

@dinerobolsa

@Inversor_pacien

https://economipedia.com/definiciones/rentabilidad-riesgo-y-liquidez.html

https://www.finect.com/blogs/siguiendo-a-warren-buffett/articulos/impactante-calculo-buffett-cuesta-1-comision- ano

https://fondium.com/rentabilidad-historica-del-sp-500

https://dinerobolsa.com/invertir/

https://holainversion.com/invertir-fondos-vanguard-espana/

https://dinerobolsa.com/invertir-msci-world/

https://opinatron.com/cartera-finales-2019/

https://www.baeloindex.com/filosofia

https://www.baeloindex.com/

https://myinvestor.es

@AntonioRRico

https://agustingrau.com/

https://agustingrau.com/blog/

https://www.rastreator.com/cuentas-bancarias.aspx

https://www.raisin.es/cuenta-ahorro/

https://www.finect.com/blogs/aprendiendo-sobre-inversiones/articulos/que-etf-fondo-cotizado

https://www.quenoteloinviertan.com/etf-oro-cartera-2019/

https://www.quenoteloinviertan.com/categoria/estrategias-de-inversion/cartera-permanente/

https://www.mintos.com/es/

https://agustingrau.com/mintos/

https://agustingrau.com/crowdlending-o-crowlending/

https://circulantis.com/

https://todocrowdlending.com/circulantis/

https://www.mytriplea.com/blog/crowdfactoring/

https://www.invertirenbolsa.info/

https://www.ig.com/es/acciones/explicacion-acciones

https://opinatron.com/invertir-dividendos-buy-hold/

https://startupxplore.com/es

https://www.thecrowdangel.com/

https://www.businessinsider.es/amazon-cuanto-dinero-habrias-ganado-invertir-salida-bolsa-422295

https://www.youtube.com/watch?v=ibWkHI-EbNw

http://www.thrivemovement.com/

https://culturainquieta.com/es/inspiring/item/9933-las-cinco-familias-que-supuestamente-controlan-el-mundo.html

https://www.bbc.com/mundo/noticias/2015/04/150331_iwonder_historia_petroleo_finde_dv

https://www.nuevatribuna.es/articulo/sanidad/enfermedad-negocio-industria-farmaceutica/20150302105350113131.html

https://fundacionmelior.org/archivado/medios-de-comunicacion-armas-de-manipulacion-masiva/

https://www.lavanguardia.com/vida/20170311/42761341196/estamos-vigilados.html

https://www.elmundo.es/cronica/2015/03/22/550d55fb22601dc1798b4579.html

http://www.miperiodicodigital.com/2018/grupos/losmejos-192/nos-rocian-yoduro-plata-1840.html

http://www.radiohc.cu/especiales/exclusivas/200716-el-haarp-un-proyecto-para-controlar-el-clima-del-planeta

https://www.youtube.com/watch?v=YAOllTb2TSA

https://www.finect.com/blogs/aprendiendo-sobre-inversiones/articulos/regla-4-cuanto-necesitas-jubilarte

https://www.finect.com/usuario/Josetrecet/articulos/plusvalia-muerto

https://www.finect.com/usuario/Josetrecet/articulos/Heredas_un_plan_d e_pensiones_Estas_son_tus_alternativas

https://www.youtube.com/watch?v=YMBRV-tHLG4